T0380432

Bio Sensus Mind **Possibílitas**®

Módulo 4: Mind

Ricardo José de la Vega Domínguez

Possibilitador

Este libro **Mind** (Módulo 4 del Sistema **BioSensusMind Possibilitas**^{MR}, un sistema para possibilitar tu vida a través de generar hábitos para tu salud integral y poder vivir en balance de vida ofreciendo un servicio a los demás); **Mind** se refiere a tu herramienta mental: *¿La utilizas y la sueltas? ¿O la traes encendida todo el día consumiendo tu energía corporal, emocional y espiritual?*
Los procesos mentales como son percibir, recordar, imaginar, significar... surgen del sistema neurológico, se sustentan en el cerebro y en la comunicación de las neuronas.

¿Sabías que hay neuronas en tu cerebro, en tu corazón y en el sistema digestivo? un misterio que la neurociencia sigue investigando, la mente va más allá de ser un proceso psicofisiológico, *¿donde quedan los pensamientos en el cerebro de un cadáver?*

De ahí que somos una unidad **BioSensusMind** *cuerpo-espíritu-mente* con un propósito trascendente. Este libro es un compañero possibilitador que te hace preguntas para que encuentres respuestas y desarrolles tus habilidades o competencias mentales representadas con personajes divertidos.

2

Ricardo de la Vega

Número de Control de la Biblioteca del Congreso de EE. UU.:   2016917676
ISBN: Tapa Blanda   978-1-5065-1412-3
               Libro Electrónico   978-1-5065-1413-0

Para realizar pedidos de este libro, contacte con:
Palibrio
1663 Liberty Drive
Suite 200
Bloomington, IN 47403
Gratis desde EE. UU. al 877.407.5847
Gratis desde México al 01.800.288.2243
Gratis desde España al 900.866.949
Desde otro país al +1.812.671.9757
Fax: 01.812.355.1576
ventas@palibrio.com
734515

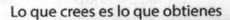

Lo que crees es lo que obtienes

Objetivos Integrales

Tiempo psicológicos

BioSensus MIND

Índice C

**20 PERSONAJES (representan
agujeros negros de la mente)**

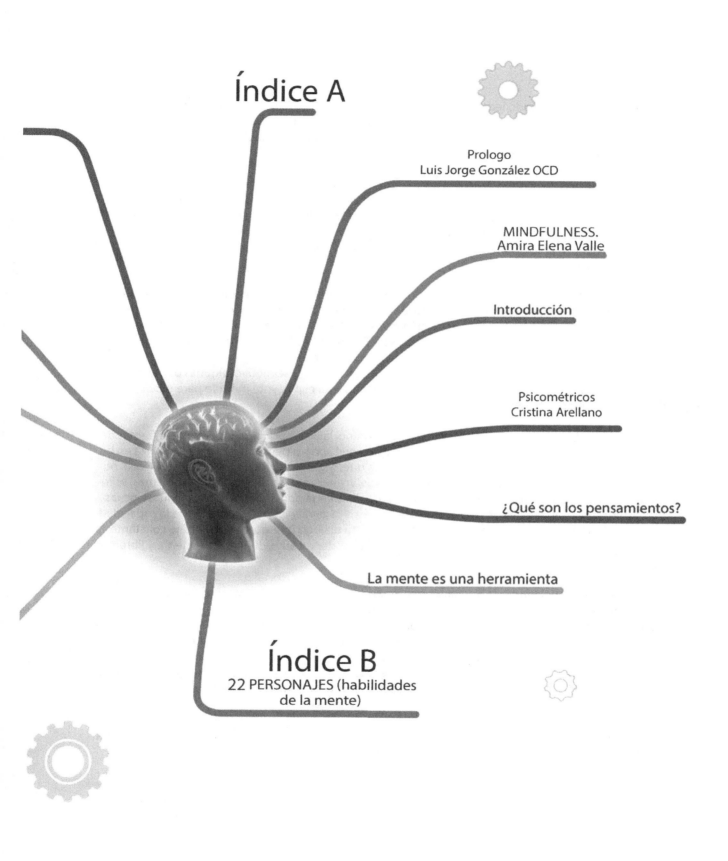

PRÓLOGO

Déjate sorprender, estimado lector, por las asombrosas posibilidades que abre a tu vida y a tu desempeño laboral y social esta obra de Ricardo de la Vega. La apertura de tu ánimo, la curiosidad de tu mente y tu voluntad de enriquecer tu vida y tus talentos con ulteriores habilidades, serán un vehículo para recorrer estas páginas en modo provechoso y transformador.

El *lenguaje* que vas a encontrar puede sorprenderte o, incluso, desconcertarte. En efecto, Ricardo de la Vega, tiene el ingenio que le permite adoptar perspectivas originales. Desde esa posición, percibe elementos constitutivos de nuestra personalidad –mente, espíritu, cuerpo– con tal originalidad, que les otorga nombres insólitos. Lo cual significa, no tanto confusión en torno a esos conceptos, sino afán de poner en relieve posibilidades ulteriores para que puedas disponer de mayores recursos para tu existencia diaria.

El *contenido*, como podrás comprender a la luz de lo apenas afirmado, se refiere directamente a esa dimensión de tu ser que llamamos mente y a la cual, desde su perspectiva, Ricardo de la Vega prefiere denominar –en inglés– Mind. La exposición de este aspecto de tu ser –la Mind– presupone dos módulos o libros precedentes que, en concreto, se refieren a otras facetas de tu personalidad: Bio o cuerpo y sensus o espíritu. Ricardo toma en cuenta tu posible desconcierto al ver que ahora trata de la mente, sólo en tercer lugar y no desde un principio. Ofrece, por ese motivo, algunas de sus razones –siempre desde su original punto de vista– para esperar hasta el presente módulo para exponer la dimensión mental de tu persona.

El *desarrollo* del presente tema implica, en primer término, la descripción de las diferentes formas de inteligencia con que tu mente opera. Enseguida aclara qué son los pensamientos. Y así aterriza en las posibles aplicaciones de esa maravillosa herramienta que, según su enfoque, es la mente. Piensa, por ejemplo, en planear tu futuro, establecer tus objetivos, vivir el aquí y ahora, resolver problemas, escribir un libro, etcétera. Entre tales aplicaciones, Ricardo de la Vega pone ante tu mirada algunas de las más asombrosas habilidades de tu mente –Mind–, desde la *percepción periférica*, hasta la capacidad para dormir profundamente, pasando por las voces de tu diálogo interno, el aprendizaje constante, la neuroplaticidad propia de tu cerebro, la mindfulness, el poder de auto-dirigirte consciente y libremente, etcétera, etcétera.

El libro prosigue señalándote capacidades y recursos que están instalados ya, como semillas, dentro de ti mismo o de ti misma, esperando a que tú los cultives y los hagas crecer y fructificar con tu acción decidida y constante. Por ejemplo, tu capacidad para tomar conciencia de tu manejo del tiempo psicológico, de manera que lo pongas al servicio de tus decisiones y proyectos. Como puedes notar con estas breves indicaciones, este libro se recomienda a sí mismo por la enorme variedad en su contenido. No sólo, se demuestra apetecible también por su enfoque práctico y por los desafíos que te plantea. Te tocará a ti la tarea de recoger, ordenar y utilizar los múltiples recursos instalados germinalmente en tu propio ser.

Agradezco la oportunidad que Ricardo me ha dado para entrar en contacto contigo y alegrarme contigo ante los desafíos que aceptas al emprender la lectura de esta obra tan original y multifacética.

BioSensusMind
Luis Jorge González, ocd.
Teresianum – Roma, Italia.

Ricardo de la Vega

INTRODUCCIÓN

Algunas personas en el Diplomado BioSensusMind Possibilitas[MR] se sorprenden al ver que el Módulo de la mente se cursa después del módulo dedicado al cuerpo y del módulo del espíritu.

¿Por qué hablar de la mente hasta este momento? Aunque no hemos hablado de la mente, tu mente ha participado desde el principio con la lectura de los tres ibros anteriores:

Libro Modulo 1: Introducción al Sistema BioSensusMind Possibilitas

Libro Modulo 2: Bio

Libro Modulo 3: Sensus

Tanto en el Diplomado como en los libros anteriores tu mente ha jugado un papel muy importante aunque ex profeso no le hemos dado un papel protagónico, pues la mente –que es una herramienta de tu sistema– tiende a centrarse en ella misma y le resta importancia a la sabiduría del cuerpo y del espíritu. Esto ocasionado por la cultura en la que estamos inmersos, por la educación en la escuela y en la familia, que privilegian a la mente y con frecuencia a una mente parcial, la que tiene que ver con los procesos lógicos, matemáticos, racionales.

La propuesta del sistema BioSensusMind **Possibilitas** es que la mente pase de un enfoque fragmentado a una visión integral del ser humano. De tal modo la mente puede escuchar el cuerpo, la mente puede escuchar tus necesidades espirituales, la mente puede comprender como funciona la mente y sanar los pensamientos y programaciones negativas y puede contribuir a una salud integral.

Una persona sana sin un ego inflado puede enfocarse en un misión de vida desde sus dones y talentos para brindar un servicio a los demás y colaborar con causas específicas[1] a un mundo mejor.

---

1 Una causa específica pueden ser los ancianos, los niños con cáncer, la nutrición, el entretenimiento, el desarrollo humano, la política, el cuidado del medio ambiente, la educación, etc.

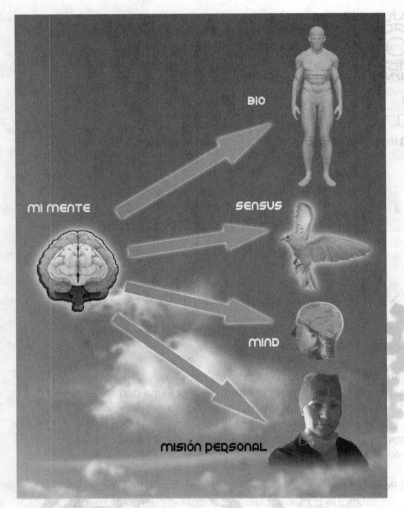

MI MENTE

BIO

SENSUS

MIND

MISIÓN PERSONAL

Darle prioridad al cuerpo, a las emociones, al espíritu te permite observar la reacción de tu mente.

Algunos participantes en el **Diplomado BioSensusMind** se indignan y solicitan que cambiemos de orden los módulos; aunque hemos trabajado con el cuerpo y con el espíritu, desde el inicio hemos trabajado ya con la mente, ya que somos seres integrales y sin la mente, *¿cómo podrías leer, aprender o recordar lo visto en las páginas anteriores?*

En este libro encontrarás algunas ideas de cómo opera tu mente: *¿se dispersa o se enfoca?, ¿quiere tener el control?* La mente es una fábrica de etiquetas y significados. Este libro está lleno de personajes chuscos que te permitan de una forma didáctica aprender cuales son las habilidades de la mente a desarrollar y por otra parte personajes que representan las distorsiones cognitivas, los agujeros negros en los que caemos, ya que una habilidad mental llevada al extremo, actúa en tu contra.

Los personajes son una metodología en la que estoy trabajando para dar y recibir una retroalimentación espejo para el desarrollo de tus competencias **Bio,**

Sensus, Mind y tu forma de enfocarte en una misión personal. En este libro, por ejemplo, la capacidad mental de analizar la información representada por el personaje Ana-Lista-Lupa, puede capar una falta de ortografía en un documento. Y es útil contar con esta capacidad de observación, sin embargo llevada al extremo podemos caer en lo que se llama el "sobreanalisis" representada por el personaje Ana Chichiculebra, la mente distorsiona, ve moros con tranchetes, le encuentra mangas al chaleco, le busca chichis a las culebras.

Tanto los personajes de este libro como los de los libros anteriores son etiquetas mentales que buscan que aprendas y te diviertas, cuida que tu mente no los utilice para juzgarte o juzgar a otros, se trata de tener diferentes espejos para observar nuestras fortalezas y áreas de oportunidad.

Escuchar a tu mente te permite desarrollar diferentes habilidades como: crear, agilizar tus procesos mentales, enfocarte, la visualización positiva, bajar el estrés al poner tu atención en una cosa a la vez; ser más flexible, integrar tus hemisferios y lograr que tus aprendizajes sean divertidos; es la mente la que puede transformar obstáculos en oportunidades.

MINDFULNESS.

ATENCIÓN PLENA EN EL LUGAR DE TRABAJO
Por Amira Elena Valle Álvarez

Recientemente publicaciones tan importantes como *Time Magazine, Scientific American* y *Harvard Business Review* han dedicado no sólo sus portadas sino secciones enteras de sus websites a explorar la práctica de **Mindfulness** (Atención Plena) y los sorprendentes resultados que ha tenido en todo tipo de ámbitos. En consecuencia, muchos directores de empresas están buscando ansiosamente saber que es *"Atención Plena"* y cómo llevar los beneficios a su empresa.

¿Qué es Mindfulness?

Se entiende por **Mindfulness** a una manera particular de traer nuestra atención, intencionalmente, al *"momento presente".* Es dirigir nuestra atención a nuestra experiencia, tal como se desarrolla, momento a momento, con curiosidad y una mente abierta, con aceptación, sin juicio. Esta atención puede dirigirse a la experiencia sensorial, a los pensamientos o a las emociones.

Los orígenes de esta práctica se remontan 2500 años atrás, pero fue Jon Kabat-Zinn, profesor emérito de la escuela de Medicina de la Universidad de Massachusetts, quien la aplicó por primera vez en el contexto clínico, de una manera científica obteniendo maravillosos resultados con sus pacientes. Kabat-Zinn diseñó el programa **MBSR** (**Mindfulness** *Based Stress Reduction*) que se ha aplicado exitosamente como un método de reducción de estrés y para tratar enfermedades relacionadas con el mismo, así como una técnica para mantener la salud, en centros médicos y hospitales.

Los beneficios de la práctica de **Mindfulness**

Los resultados obtenidos por Jon Kabat-Zinn fueron tan sorprendentes, que inmediatamente se iniciaron estudios científicos sobre los efectos de la práctica de Mindfulness en el organismo en diversos Institutos de Investigación de los Estados Unidos y Europa. Se han encontrado que tiene grandes beneficios a tres niveles: Neurológico, fisiológico y emocional. Entre éstos, se encuentran:

- Mejora la capacidad de enfoque y concentración

- Incrementa en la sensación de calma y bienestar general

- Disminuye el estrés y la ansiedad

- Fortalece la salud en general

- Mejora el control de impulsos

- Nos ayuda a tener respuestas hábiles a emociones difíciles

- Incrementa la empatía y el entendimiento de otros

- Desarrolla nuestras habilidades de resolución de conflictos

Ricardo de la Vega

Mindfulness *en los Lugares de Trabajo*

Los efectos benéficos de la práctica de ***Mindfulness*** afectan no solo al individuo, sino al entorno en el que éste se desarrolla. Por esta razón, ha habido un gran interés en llevar ***Mindfulness*** a las escuelas y centros laborales.

En el contexto empresarial, ***Mindfulness*** se puede definir como un estado de atención activa que permite la creación continua y el refinamiento de las diversas capacidades de una organización para operar en circunstancias dinámicas, poco estructuradas, ambiguas o impredecibles.

En los lugares de trabajo, esta capacidad de poner atención a lo que ocurre en el momento presente, no es solamente una herramienta de auto-conocimiento, sino que permite al individuo estar atento tanto al medio ambiente como a los puntos de vista y perspectivas de los demás con apertura a la nueva información. Esto permite un proceso de mejora y adaptación continua a las condiciones ambientales constantemente cambiantes y abre un espectro mucho más grande de opciones.

La práctica de ***Mindfulness*** juega un papel crucial en incrementar la capacidad de liderazgo en contextos de incertidumbre y cambio. Por esta razón, cada día más empresas incorporan entrenamientos en esta práctica para sus ejecutivos.

En un estudio para determinar la capacidad de ***Mindfulness*** de las organizaciones, Karl Weic y John Mason, investigadores especializados en diseño organizacional, exploran cinco preocupaciones principales: la preocupación por el fracaso, la resistencia a simplificar, la sensibilidad a las operaciones, el compromiso con la resiliencia y la deferencia al expertise. Ellos presentan la práctica empresarial de ***Mindfulness*** como la "*Disciplina del Darse cuenta*" y aseveran que el "***mindful***", es estar despierto en el momento presente y permite a la empresa participar en un espectro de opciones mucho más amplio y productivo.

Estudios realizados en el Reino Unido y publicados en el Ashridge Journal exploran el valor de la práctica de ***Mindfulness*** en la capacidad de liderazgo y concluyen que los beneficios de estas prácticas meditativas para las empresas:

- Reducen el costo ocasionado por el ausentismo del personal debido a enfermedades, lesiones y estrés.
- Incrementa la función cognitiva, incluyendo mejor concentración, memoria, capacidad de aprendizaje y creatividad.
- Mejora la productividad
- Mejora el bienestar del personal y del negocio
- Reduce la rotación del personal y los costos asociados al mismo
- Incrementa y mejora las relaciones empleador/empleado y con los clientes.
- Incrementa la satisfacción de los empleados con su trabajo.
- Mejora la capacidad de decisión y de toma de riesgos
- Mejora las capacidades de negociación y el tiempo de respuesta con proveedores y clientes.
- Mayor satisfacción en el ámbito laboral: Los empleados expresan tener una mente más calmada y tranquila, con menos preocupaciones y con pensamientos más claros.

Ricardo de la Vega

Adicionalmente, en un estudio presentado por el Insead de Francia, se encontró que el coaching basado en **Mindfulness** tenía un impacto estadísticamente significativo en el comportamiento con responsabilidad social e influenciaba en la conciencia social de los gerentes, lo cual contrastaba con los resultados de los enfoques tradicionales de la educación de los ejecutivos.

Por estas razones, el entrenamiento en prácticas meditativas, principalmente **Mindfulness**, son cada día más comunes en los cursos de negocios y de desarrollo de liderazgo. Las empresas que invierten en este tipo de prácticas rápidamente ven un retorno en la inversión al ver a sus cuadros gerenciales con una mejor atención, un mejor ambiente de trabajo y una mayor inteligencia emocional en favor de los procesos internos de la empresa.

Acerca de la Autora

Amira Elena Valle Álvarez, es Químico graduado de la UNAM, con posgrados en diferentes instituciones de México y Estados Unidos, ella es directora y fundadora de "*Elephant Wise LLC*" empresa basada en Miami y dedicada con éxito a la educación y entrenamiento en Mindfulness en Escuelas Públicas y privadas en Florida, así como diferentes cursos para empresas en México.

amiravalle@elephantwise.com
amiravallech@gamil.com

4. Psicométricos

4.1 Tus múltiples inteligencias:

Algunas de las primeras etiquetas que recibe un niño en la escuela o por sus familiares son: *"Eres bueno para las matemáticas..."* o *"Estás negado para los idiomas".* Dichos comentarios están centrados y relacionados con dos de las inteligencias que han sido fomentadas por la escuela: la inteligencia lógica o matemática y la lingüística o verbal.

Para ti, ¿qué es la inteligencia?

_____

_____

¿Qué tipos de inteligencia conoces?

_____

_____

Por muchos años otras inteligencias fueron relegadas y discriminadas como: la inteligencia musical, la naturalista o ecológica, la inteligencia espacial, la inteligencia cinético-corporal, la inteligencia intrapersonal y la inteligencia interpersonal. Estas dos últimas conforman lo que se conoce como la **inteligencia emocional.**

La intrapersonal, es la mirada hacia nuestro interior, nuestro autoconocimiento, el poder reconocer qué estamos sintiendo a cada momento, determinan el modo en que nos relacionamos con NOSOTROS MISMOS. **La interpersonal**, son nuestras habilidades sociales, para comprender cómo se están sintiendo las personas que nos rodean, determinan el modo en que nos relacionamos con LOS DEMÁS.

Ejercicio

Investiga en que consisten las inteligencias múltiples de Howard Gardner. *¿Cuáles de dichas inteligencias son tus fortalezas?* (identifica tres de ellas)

_____

_____

_____

_____

_____

_____

Ricardo de la Vega

Los estudios psicométricos sirven para descubrir y retroalimentar cuál es nuestro estilo de pensamiento, nuestras fortalezas y áreas de oportunidad. Haz una molécula con tres acciones basadas en tus inteligencias más sobresalientes. Si aún no tienes los libros anteriores BioSensusMind **Possibilitas**[MR], podemos recordar para ti como se forma una ***Molécula Triacciónica***.

¿Qué es eso? una molécula integrada por tres acciones, una acción aislada para que sirve, una acción repetida por el suficiente tiempo genera como las veredas que son caminadas, un camino bien definido, así funciona el cerebro y las neuro asociaciones, empiezan por ser hierba pisada en el campo silvestre, después se logra ver con base en el caminar de la gente por la misma ruta, una vereda que se transforma con el tiempo en un camino formal para el comercio.

Una acción que se repite y se repite forma un surco en el cerebro al que se llama hábito, el cerebro para consumir menos energía toma ese camino. Como dice Moises Resnik[2], los hábitos son los que generan tu destino. Un factor importante es la repetición de la acción, otra variable es que las acciones no se dan de forma aislada, se dan en conjunto con otras acciones y forman una molécula.

Teresa Robles[3] psicoterapeuta en Hipnosis Ericksoniana, ha explicado que para romper con el hábito de fumar, es necesario descubrir las moléculas de acciones que están ligadas a la acción de encender un cigarrillo, por ejemplo, en fin de semana puede ser charlar con amigos y beber alcohol; al levantarse de la cama, ir al baño y tomar café. De tal modo que el saborear una café te lleva a desear fumar un cigarro.

Aprovechando ese descubrimiento, la molécula triacciónica se base en esas dos cualidades: repetición constante de las acciones para que se vuelvan hábito y hacerlas de forma asociada con otras acciones, para que una acción te lleva a la otra. Ahora puedes diseñar una molécula integrada con 3 acciones, pensando en seguir desarrollando tus tres inteligencias que son tus fortalezas.

Por ejemplo: si tus fortalezas son: La naturalista (respeto por la naturaleza y los animales), la musical y la corporal: puedes a lo mejor pensando en tu Salud, generar tres acciones del modo siguiente:

Acción 1:
Ir al parque por las mañanas a caminar con tu perro.

Acción 2:
Y al llegar a un lugar tranquilo, escuchar la música que más ha impactado tu vida para recordar las letras y las tonadas.

Acción 3:
Hacer movimientos corporales como Waikido[4]

---

2. Moisés Resnik, Curso de Romper Tablas, Noviembre de 2015, México, D.F.
3. Teresa Robles, es Maestra en Antropología Social, Doctora en Psicología Clínica y Terapeuta Familiar. es miembro de la Asociación Mexicana de Terapia Familiar, A.c. de la Sociedad Internacional de Hipnosis desde 1992 , es Presidente del Consejo del Centro Ericksoniano de México, A.C. Ha publicado más de 400 artículos sobre Antropología Social, Psicología Clínica y Psicoterapia Ericksoniana en diferentes revistas en varios países, así como capítulos de libros y más de de 10 libros y materiales de audio que se han traducido a diferentes idiomas y viaja a enseñar a diferentes países de América y Europa.
4. El Waikido se enseña en la Asociación Japonesa A.C., en México, D.F. en la Colonia las Aguilas.

De las inteligencias múltiples: Identifica tus tres inteligencias y las acciones específicas para incrementar su desarrollo.

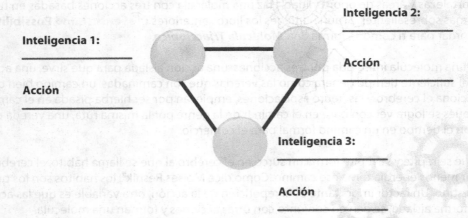

Inteligencia 1:
_____

Acción
_____

Inteligencia 2:
_____

Acción
_____

Inteligencia 3:
_____

Acción
_____

En lugar de percibirte como un queso gruyere lleno de hoyos, observa tu molécula para descubrir que hay en ti grandes cualidades. Para conocer más sobre Inteligencias múltiples recomiendo leer a Howard Gardner.[5]

4.2. ¿Para que sirven los psicométricos?

Las nuevas tendencias en Psicometría
Herramientas de 6a Generación
Por Christina Arellano

Como responsable de **Reclutamiento** y **Selección** alguna vez se ha preguntado:

¿Cómo asegurar el éxito en el proceso de seleccionar, desarrollar y conservar a los mejores?
¿Cómo saber que el candidato elegido me dará los resultados esperados?

Por más de 30 años, se han realizado investigaciones en las empresas líderes en el mundo utilizando la ciencia comparativa para desentrañar los factores que contribuyen al éxito. Derivado de esta experiencia, se pueden resumir también algunas de las preocupaciones más comunes en las áreas de **Reclutamiento** y **Selección**:

---

5. Gardner, Howard. Inteligencias Múltiples: La teoría en la práctica. Paidós Ibérica, 2011.

- *Mejorar el flujo, la calidad y el desempeño de los nuevos empleados.*
- *Identificar a los candidatos con mejores posibilidades de éxito.*
- *Reducir el tiempo y los costos de selección.*
- *Disminuir la rotación.*
- *Aumentar el retorno sobre la inversión.*

¿Sabe cuanto cuesta contratar a la persona equivocada?

Si al costo de nuestro proceso de selección le aumentamos el costo de la capacitación, costo de no hacer las cosas bien a la primera, lo que la persona dejó de vender, la reputación de la empresa ante los clientes atendidos por un mal candidato... parece que nuestra responsbilidad como responsables de atraer talento a nuestras organizaciónes aumenta cada día, ningún esfuerzo dentro de la organización sustituye una mala selección.

¿Que necesitamos….?

- *Automatizar el proceso de reclutamiento.*
- *Utilizar la ciencia comparativa para seleccionar a los ganadores.*
- *Contar con un sistema y una metodología que nos permita tomar mejores decisiones de selección.*
- *Reducir los costos y los tiempos de selección.*

Esta es la propuesta de la psicometría moderna, contar con un proceso selectivo estandarizado que facilite comparar a los candidatos sobre las mismas bases, con entrevistas estructuradas, elementos de compatibilidad organizacional y herramientas laborales que aporten información confiabe y estadisticamente comprobada, es decir, herramientas de sexta generación.

Las herramientas de 6a generación….

- *Predicen el desempeño y aspectos para mejorar la retención con precisión.*
- *Proporciona recursos que facilitan la administración de carrera.*
- *Proporciona sugerencias de desarrollo que pueden ser utilizadas para capacitación y coaching.*
- *Ayudan a convertir el potencial en desempeño.*
- *Provee de preguntas sugeridas para la entrevista con base en los rasgos principales del individuo.*
- *Proporcionan información que puede utilizarse para retroaliementar esfuerzos estratégicos de cambio.*

El primer paso en el desarrollo de cualquier instrumento psicolaboral gira en torno al tema de generación... *¿Cómo ha evolucionado la psicometría?*

Primera Generación	Segunda Generación	Tercera Generación	Cuarta Generación	Quinta Generación
* Ipsativas * Estilos de comportamiento simples y limitados * Falsificable * Elección de Palabras Forzada o abierta	*Combinación de Métodos Ipsativa y algunas Normativas	* Normativos * Diagnósticos * Cuentan con Escalas de Validez	* Normativos * Cognitivos, Personalidad * Cuantificable (Usando la escala Stanine) * Uso de Escalas de validez	* Normativos * Cognitivo, Motivación, Personalidad * Cuantificable (Usando la escala Stanine) * Escalas de Validez * Multicultural, Inglés y un segundo lenguaje * Patrón de Candidatos superior

Sexta Generación

* Normativas

* Personalidad, Motivación y Coeficiente Emocional

* Descriptivos y predictivos

* Fundamentos estadísticos

* Detectan distorsión en las respuestas.

* Estudios multiculturales ("Equal Employment Opportunity Commission")

* Accesibles en diferentes idiomas

*Evoluciona de una herramienta hacia un sistema completo de Selección

* Un solo cuestionario, en lugar de una batería.

* Validación estadísticamente (país, empresa, puesto)

* Tecnología avanzada

Sistemas de Filtrado en Línea:
- Sales Screen
- Service Screen
Management Screen
- Simulador para call center

Perfiles en Línea:
- POP7: Ventas Consultivas
- SalesPro: Ventas mostrador
- Management Pro
- Customer Care Pro
- Professional Pro

Existen tantas variantes en las características y personalidad de los individuos que hace indispensable contar con una metodología clara, estandarizada y que nos permita saber exactamente que es lo que buscamos, y de esta manera disminuir el porcentaje de error en el proceso de selección, desarrollo y retención.

La psicometría de 6a generación se enfoca en buscar que candidato tendrá el mejor rendimiento a través de evaluar el talento, el historial de esfuerzo de la persona y su compatibilidad con la cultura organizacional permitiendo al reclutador identificar que candidato le dará los mejores resultados, y por ende, que personas significarán para el área de **Reclutamiento** y **Selección** un buen retorno de inversión.

"Existe algo mucho más escaso, fino y raro que el talento.
Es el talento de reconocer a los talentosos".

Elbert Hubbard

5. ¿Qué son los pensamientos?

Son descargas eléctricas entre neurona y neurona, son imágenes, sentimientos, sonidos, olores, sabores dentro de tu mente. Una mezcla de impresiones sensoriales recordadas y construidas.

Tu CEREBRO EMOCIONAL no sabe distinguir entre lo que ves externamente y lo representado en tu cabeza con tus sentidos internos. Se estimulan tus mismas zonas del cerebro cuando ves un objeto o evento real, por ejemplo un paisaje, que cuando recuerdas dicho paisaje con todas sus tonalidades o cuando evocas un atardecer en tu mente. Date cuenta, tus pensamientos tienen un efecto directo en todo tu ser.

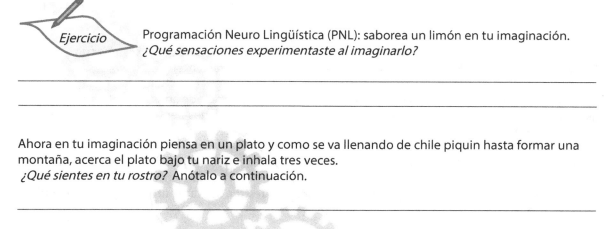

Ejercicio

Programación Neuro Lingüística (PNL): saborea un limón en tu imaginación.
¿Qué sensaciones experimentaste al imaginarlo?

_____

_____

Ahora en tu imaginación piensa en un plato y como se va llenando de chile piquin hasta formar una montaña, acerca el plato bajo tu nariz e inhala tres veces.
¿Qué sientes en tu rostro? Anótalo a continuación.

_____

_____

Tu cuerpo reacciona igual ante el estímulo real y en tiempo presente, que ante el estímulo recordado o imaginado. **Por eso el pensamiento es acción.** Si te imaginas la cara de tu jefe y tu escritorio cuando estás en plenas vacaciones, adiós vacaciones, tu cuerpo no va a descansar.
Por el contrario, si en un día pesado de trabajo, te tomas diez minutos para imaginar que sientes la arena suave bajo tus pies, el sonido del mar, la brisa sobre tu cara, el sabor de tu bebida favorita y el paisaje de mar verdoso que se funde con el horizonte azul, tu cuerpo, mente y espíritu se relajan.

Por lo que no existe para nuestro cerebro una diferencia entre lo que vemos, oímos y tocamos con nuestros sentidos físicos y lo que representamos con nuestros sentidos interiores.
¿Qué sentiste al recordar el limón y su jugo en tu lengua? ¿Qué estimuló en ti el chile piquín?
Imagínalo.

Como ya se dijo, se estimulan las mismas áreas del cerebro al recordar un evento, que al construirlo con nuestra imaginación. "Cuida lo que piensas" dice la campaña publicitaria de un Hospital mexicano.

_____

El estrés y muchos de nuestros padecimientos se derivan de un uso inadecuado de nuestra herramienta mental. Los loops de pensamiento, esas ideas que se repiten y se repiten en nuestra cabeza de forma automática nos llevan a:

- Enamorarnos de alguien.

- A experimentar fobias.

- A saturarnos sensorialmente, como ocurre con el spot de un político que lo pasan día y noche por la tele. Ver nuevamente el comercial de televisión nos aturde.

Sostener un **PENSAMIENTO AGRADABLE** te lleva a un estado emocional de paz, sostener un **PENSAMIENTO DESAGRADABLE** te puede generar angustia, frustración, etc.

El Dr. Salvador Thomassiny[6] comenta que el amor se deriva de la acción de amar, el sentir amor se genera si nos movemos a la acción de amar. Esto es revolucionario y nos permite comprender cuando Jesús decía "Ama a tus enemigos." *¿Cómo poder amar a alguien que se odia?*

Si te mueves a la acción misma, la consecuencia es el sentir. Lo anterior tiene que ver mucho con el pensamiento. Si el pensamiento es acción y nos movemos con el pensamiento a amar, el resultado es el amor. De ahí la importancia de observar y cultivar que nuestros pensamientos sean positivos, pues cada pensamiento tiene una energía.

Somos seres integrales BSM (**Sistema** BioSensusMind), una unidad de nuestro pensar, sentir, hacer, nuestro lenguaje corporal, lo que conversamos, nuestros deseos e intenciones. De modo que el volumen de nuestras emociones afecta nuestros pensamientos y el "canal de televisión" que sintonizamos en la propia mente al pensar, afecta todo nuestro sistema **Sistema BSM**.

---

6. Experto con más de 30 años en estudiar la Biblia y el misterio de La Finalidad de la Creación y de la Voluntad de Dios. Conferencia 9 de Agosto de 2012. México, D.F.

Ricardo de la Vega

6. La mente es una herramienta a tu servicio

Su mente es un instrumento, una herramienta.
Está ahí para utilizarla en una tarea específica y cuando se termina la tarea, hay que dejarla de lado.
Eckhart Tolle[7]

¿Cómo quiero ocupar mi herramienta mental? Hay una diferencia entre pensar y tener pensamientos.

Tener pensamientos es el equivalente a la los canales de televisión que son captados por una antena: el aparato de televisión no genera nada por sí solo, se llena de imágenes que recibe al sintonizar una señal.

Así, los pensamientos automáticos llenan nuestra cabeza y pueden modificar nuestros estados de ánimo.

Pensar es diferente, es decidir usar la mente a nuestro favor para:

- Aprender un idioma.
- Leer un libro.
- Resolver un problema.
- Planear tu futuro.
- Administrar tu tiempo.
- Establecer objetivos en tu vida.
- Escribir una novela.
- Utilizar nuestros sentidos internos
  (Ver, oír, tocar al evocar un recuerdo o al imaginar una situación a futuro)
- Resolver un crucigrama.
- Sanar los recuerdos del pasado.
- Estar en el aquí y en el ahora, pleno y enfocado.
- "Sintonizar" ideas para crear algo.

Hay una gran diferencia entre pensar y tener pensamientos
Zapping Mental

Tener pensamientos vs Pensar

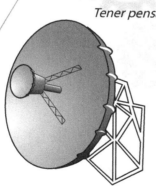

Más adelante explicaremos lo que es el Zapping Mental…

---

7. Eckhart Tolle, El Poder del Ahora: una guía para la iluminación espiritual. Editorial GAIA, Madrid España, 2009 pags. 220

7. **22** Habilidades o competencias de tu mente

Este capítulo se refiere a algunas de las habilidades de tu mente, aquí representadas con personajes, para mostrar en un Nivel 0: la ausencia de dicha habilidad o la habilidad contraria.
En un nivel 5 la excelencia en la utilización de tu capacidad.

Uno de los objetivos de la serie de libros y el juego **Rememverdoit**^{MR} es que puedas comprender el **Sistema** y el **BioSensusMind Possibilitas**^{MR} para la escucha integral de nuestro ser y el desarrollo de las habilidades físicas, espirituales, mentales, tus dones y talentos para ponerlos al servicio de una causa.

¿Cuáles son esas habilidades mentales?

Por ejemplo, observar tu diálogo interior, reflexionar y entrenar tu darte cuenta, desarrollar en ti la actitud del eterno aprendiz, tu flexibilidad mental, que tus procesamientos mentales de información sean más rápidos, entrenar tu memoria, tu habilidad de enfocarte y concentrarte; hacer de tu mente inconsciente tu aliada, para lo cual necesitas aprender a programar tu mente; que tu mente funcione de forma integral con todo tu organismo, para lo cual requieres conjuntar sentimiento y pensamiento al tomar tus decisiones y por último, pero no menos importante, desarrollar tu habilidad para crear e innovar.

Como tu cerebro requiere que el aprendizaje sea divertido para que éste se potencialice, he creado algunos personajes para representar estas habilidades y que puedas recordar con facilidad cada una. El objetivo de los personajes es tu auto observación, incrementar tu darte cuenta, promover la auto aceptación y la de los demás; y moverte a la acción de desarrollar tus fortalezas mentales.

Las personas conforme se van familiarizando con los personajes y las habilidades que representan, se pueden abrir a dar una retroalimentación espejo.
El objetivo de este libro y del Diplomado es que puedas reflexionar con tres preguntas claves para

¿En qué nivel de desarrollo se encuentra tu habilidad?

| 0 | 1 | 2 | 3 | 4 | 5 |

¿Que tanto te apasiona o disfrutas utilizar la habilidad?

¿Tienes o debes aplicarla pues así lo requiere tu vida y trabajo?

| 0 | 1 | 2 | 3 | 4 | 5 |

Ricardo de la Vega

cada personaje-habilidad:

Y manejando una escala del donde el Cero (0) equivale a "no tienes la habilidad" y el cinco(5) tienes la habilidad desarrollada. Recomendamos que puedas aplicar herramientas psicométricas de sexta generación y de neurociencia que te permitan tener un diagnóstico más preciso sobre tus fortalezas y debilidades.

Cuando tienes la habilidad, te apasiona usarla y la requieres aplicar para algún reto, te entusiasmas y fluyes; por el contrario, si no tienes la habilidad desarrollada, no te gusta hacerlo y lo tienes que hacer por las circunstancias de laborales o de la vida, eso te estresa y desgasta.[8]

A continuación presentamos un mapa mental índice de 22 habilidades mentales:

8. Omar Aguilar Morales, Director de Human Dimension American. México, D.F. Octubre 2015.

Índice B

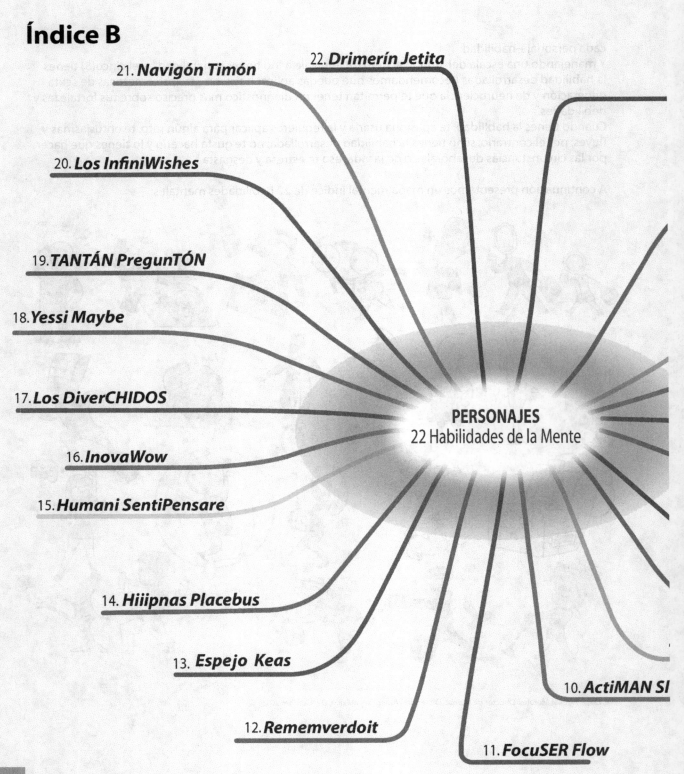

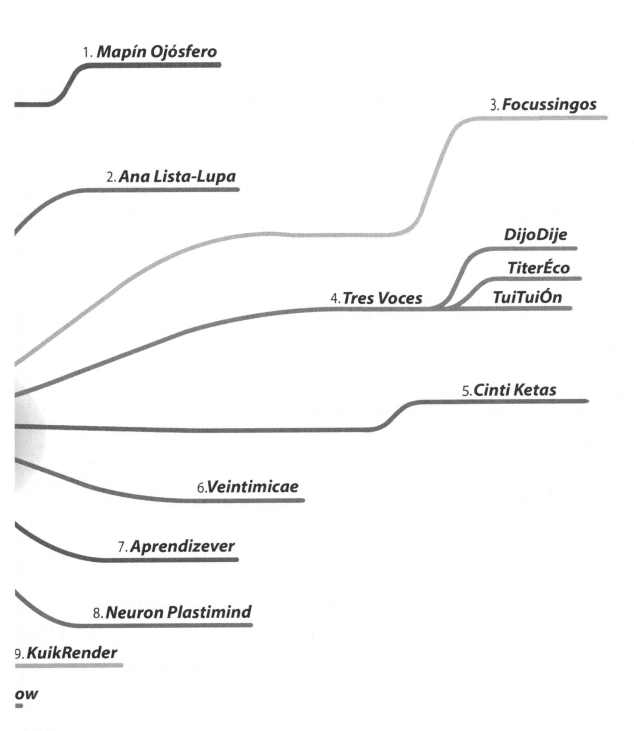

1. **Mapín Ojósfero**

3. **Focussingos**

2. **Ana Lista-Lupa**

DijoDije

TiterÉco

4. **Tres Voces**

TuiTuiÓn

5. **Cinti Ketas**

6. **Veintimicae**

7. **Aprendizever**

8. **Neuron Plastimind**

9. **KuikRender**

ow

HABILIDAD O COMPETENCIA MENTAL

1. Mapin OJÓsfero
Este personaje representa la percepción periférica, esa capacidad que te permite una visión holística, para captar el bosque no el árbol.

2. Ana-Lista-Lupa
Es el personaje que representa esa capacidad de análisis y percibir los detalles.

3. Focussingos
Son varios personajes, cuya característica es su capacidad para enfocarse en un área de interés: su cuerpo, su mente, sus anhelos neuróticos, etc.

4. Tres voces:
DijoDije · TiterECO · Tuitui-Ón

Tres personajes representan está habilidad conversacional contigo mismo. la capacidad de escuchar tu diálogo interior y poder alinear tus voces interiores y exteriores.

5. Cinti Ketas
Capacidad de etiquetar y ver la realidad, a mí mismo y a los demás, sin "ponerles etiquetas".

6. Veintimicae
Tu "darte cuenta", los veintes que te caen cuando aprendes algo.

7. Aprendizever
Tener la "actitud del aprendiz", que aprende en todo momento.

8. Neuron Plastimind
Mente flexible, que se abre a otras ideas, posibilidades, puntos de vista.

9. KuikRender
Procesos mentales rápidos

10. ActiMAN Slow
ActiMAN Slow representa el bajar la velocidad mental, salir de la prisa que nos estresa para disfrutar de la vida, de la comida, de la familia, de una charla de sobremesa.

11. FocuSER Flow:
Poner mi foco de atención en una cosa a la vez. Me enfoco de forma plena y disfruto lo que hago.

12. Rememverdoit
La memoria a corto, mediano y largo plazo, memoria sobre mis prioridades y lo que tengo que hacer. ¿Cómo puedes incrementar dicha capacidad de recordar?

13. Espejo Keas
Este personaje representa nuestras neuronas espejo, de las cuales nace la empatía y el deseo de imitar a otros, como las aves Keas.

14. Hiiipnas Placebus:
Programa tu mente inconsciente a tu favor. Capacidad para entrar en trance y sugestionarte de forma positiva.

15. Humani SentiPensare
Integras tu razón y tu emoción.

16. InovaWow
Tu mente enfocada en crear arte, soluciones, ideas. De preocuparte a ocuparte creativaMENTE

17. Los DiverCHIDOS
Tiempo de esparcimiento, la mente necesita un espacio para distraerse y generar aprendizajes divertidos en sus tiempos de ocio, como tener un hobby.

18. Yessi Maybe
Este personaje es la capacidad de la mente para tomar decisiones.

19. TANTÁN PregunTÓN
Es tu capacidad de hacer preguntas poderosas. La curiosidad y la inocencia natural de un niño que te lleva a hacer preguntas por obvias que parezcan.

20. Los InfiniWishes
Tu habilidad para generar pensamientos positivos sobre tí mismo y los demás.

21. Navigón Timón
Ser una persona autodirigida que confía en que sus acciones determinan el cambio de rumbo y su destino.

22. Drimerín Jetita
Este personaje representa tu capacidad mental para poder dormirte y tener un sueño reparador. Incluso, poder descansar en una siesta. Son recomendadas 7 horas para dormir diariamente

7.1 Mapín Ojósfero

Este personaje representa la visión periférica, esa capacidad que tenemos los seres humanos de captar con nuestros sentidos -tanto de forma consciente como inconsciente- mucha más información de la que nos damos cuenta.

Por ejemplo, cuando entras al lobby de un hotel con una mirada relajada puedes percibir al primer vistazo sensorial, el clima relacional de las personas que están presentes y puedes tener una impresión, los turistas llegaron cansados de su largo viaje, puedes percibir la temperatura del lugar, el olor a manzana de las frutas en los centros de mesa, los cuadros modernistas que decoran las paredes, la textura de la sala en la que estás sentado, el jazz que suena como música de fondo.

Mapín Ojósfero, es un detector sensorial, un karateka que cuenta con una tecnología instalada en su cabeza que le permite procesar las percepciones inconscientes que llegan minuto a minuto del medio ambiente que lo rodea y hacer mapas mentales con dicha información. De hecho, un karateka entrena su percepción periférica para poder entrar en combate, un conductor de un automóvil la utiliza cuando maneja para ver las personas que caminan, los objetos que pasan, los coches que circulan a sus lados, gracias a esta percepción espacial, una pareja en una pista de baile se desliza de un lado a otro sin chocar con otras parejas.

Existe una fuerte controversia sobre la percepción inconsciente. Para más información sugiero la lectura de otro de mis libros[9] *¿realmente percibimos todo lo que nos rodea de una forma inconsciente?*

La **hipermnesia** –una especie de memoria agrandada– es otra comprobación de la existencia la percepción periférica. *"Se denomina hipermnesia a la recuperación de recuerdos que son inaccesibles, pero que mediante procedimientos como la hipnosis, la asociación verbal libre, la estimulación cerebral, el paso del tiempo o fármacos como el Pentotal Sódico, pueden ser traídos a la conciencia."*[10]

Sigmund Freud, en su libro *"La interpretación de los sueños I"*, comenta un caso de percepción inconsciente: donde un paciente soñó que entraba en un restaurante y pedía un *"Kontuszowka"*.
El paciente no sabía que podía ser aquello, al relatarle el sueño, Freud le respondió que *"Kontuszowka"* era el nombre de un aguardiente polaco y que era imposible que lo hubiera inventado en su sueño.

¿Qué fue lo que ocurrió? ¿De donde sacó el nombre de la bebida?

---

9. Ricardo José De la Vega Domínguez, La Publicidad Subliminal en México: 65 controversias. México, D.F. 2002. 364 páginas.
10. Ibídem, p. 25.

Ricardo de la Vega

El paciente no quiso, en un principio, dar crédito a que su vista capta más información de lo que él se da cuenta, algunos días más tarde, pudo comprobar por si mismo en un café la existencia del licor de su sueño y vio el nombre soñado *"Kontuszowka"* en un anuncio exterior en una calle por la que desde hacía varios meses había tenido que pasar por lo menos dos veces al día.[11]

Hay investigaciones que sustentan la idea que tanto la percepción periférica como la selectiva inician a un nivel inconsciente. La percepción periférica o marginal es utilizada por la publicidad con la técnica conocida como "product placement" o colocación de producto.

El psicólogo publicitario Dr. Angel San Román explica con detalle como opera **la percepción periférica en las películas y programas de televisión:** "en una película pueden poner la marca de un producto junto al protagonista, lo que pudiera dar la idea de que lo consume y en este sentido asociar el liderazgo del sujeto con la marca.

"Se le llama percepción marginal o percepción periférica porque dichos elementos están colocados al margen de la percepción del objeto principal". [12] Esta hipótesis sostiene que el concentrar la atención en un estímulo no significa que se deje de percibir el ambiente que rodea a dicho estímulo. Por lo tanto, la percepción consciente es selectiva pero no impide la captación y recepción de los estímulos a nivel inconsciente. El Dr. Eldon Taylor dice que la percepción periférica sí existe y es un proceso de percepción natural en el hombre.[13]

La percepción marginal y la Fóvea:

La fóvea se localiza en el centro de la retina y tiene el tamaño de la cabeza de un alfiler.
Cuando la mirada de una persona brinca de un lado a otro para captar los detalles de un paisaje, es la fóvea la que realiza las fijaciones a nivel consciente; sin embargo, la retina transmite al cerebro la información global de lo que se recibe, confirmándose la *"teoría de la percepción marginal".*

Por ejemplo, las técnicas de lectura rápida, lectura con toda la mente, foto-reading recurren a esta capacidad de nuestro personaje ***Mapín Ojósfero***, es decir, no limitarnos a la información que nos proporciona la fóvea cuando fija las palabras y brinca de una línea a otra; el objetivo para leer con toda la mente es usar los ojos de otra forma: en lugar de enfocar cada palabra, tratar de relajarlos y permitir que la visión periférica se expanda para abarcar la página entera.

Después de hojear una revista con la mirada relajada existe poca información en el consciente, por lo que hay que activar el cerebro para accesar a la información que está en nuestro subconsciente.[14]
Los facilitadores de aprendizaje acelerado conocemos el gran potencial de la visión periférica, por lo que cuál en los espacios para la capacitación, se decoran las paredes con mapas mentales, letreros de colores, dibujos, para que el cerebro siga aprendiendo y la mente siga absorbiendo información como una esponja.

---

11. FREUD, Sigmund. La Interpretación de los Sueños I. Editorial Iztaccíhuatl, México, D.F., p. 23.
12. SAN ROMÁN Vázquez, Angel., "Publicidad Subliminal", Entrevista realizada por Ricardo de la Vega el 14 de julio de 1994. México, D. F.
13. TAYLOR, Eldon., "Comunicación Subliminal ¿Panacea o traje del emperador?" Primera edición en Español, México, D. F. 2001. Instituto Diálogo Interior, S. A. de C. V.
14. SCHEELE, Paul R., "PhotoReading" Sistema de lectura con toda la mente"., Ediciones Urano, Impreso en España, 1996. p. 32-33.

¿Qué son los mapas mentales?

_____

_____

Un mapa mental es un método gráfico, una cartografía mental para organizar ideas utilizando al máximo las capacidades mentales. Cuando tomamos notas en una conferencia o en el salón de clases, las registramos de forma lineal, como un texto, donde una idea sigue a otra.

Los mapas mentales permiten trabajar con todo el cerebro al recurrir tanto a palabras como a imágenes. En un mapa mental la información se organiza a partir de una idea que queda al centro y de la que irradian una serie de líneas curvas o ramas de colores con ideas asociadas en palabras claves e imágenes simbólicas. Los mapas mentales son una herramienta creativa muy útil para potencializar el aprendizaje, fueron desarrollados por el escritor y consultor educativo Tony Buzan.[15]

¿Cómo puedes desarrollar tu percepción periférica?

_____

_____

¿En qué nivel de desarrollo se encuentra tu habilidad?

| 0 | 1 | 2 | 3 | 4 | 5 |

¿Que tanto te apasiona o disfrutas utilizar la habilidad?

¿Tienes o debes aplicarla pues así lo requiere tu vida y trabajo?

| 0 | 1 | 2 | 3 | 4 | 5 |

15. Tony Buzan, Barry Buzan, El libro de los mapas mentales: cómo utilizar al máximo las capacidades de la mente. Spanish Pubs Llc, 1996. Con 350 páginas

7.2 Ana-Lista-Lupa

Esta mujer llamada Ana y que trae una lupa en su mano, le gusta analizar las cosas a detalle, hay personas que aprenden solo lo necesario antes de pasar a la acción.

Ana-Lista-Lupa por el contrario, es muy analítica y no deja pasar los detalles, al mirar un texto puede captar una falta de ortografía. Al ver el bosque puede percibir los detalles de las hojas de los árboles y darse cuenta de unos brotes raros color blancuzco en las ramas, su visión a detalle la lleva a detectar una plaga y salvarle la vida a los árboles afectados.

¿De qué podría servirte está habilidad de la mente en tu vida diaria?

¿En qué nivel de desarrollo se encuentra tu habilidad?

| 0 | 1 | 2 | 3 | 4 | 5 |

¿Que tanto te apasiona o disfrutas utilizar la habilidad?

¿Tienes o debes aplicarla pues así lo requiere tu vida y trabajo?

| 0 | 1 | 2 | 3 | 4 | 5 |

7.3 Focussingos

Como ya se mencionó en el libro 1 de esta serie, el zapping es un proceso, la mayor parte del tiempo inconsciente, en el que la mente, las emociones, las conversaciones, brincan de un canal a otro, sin nuestro control.

Los personajes Focussingos tienen una capacidad contraria a la dispersión, se enfocan; pero, a diferencia de un **PossiBilly** que se enfoca plenamente y con una visión sistémica, global y que integra todas las áreas de su vida (**PossiBilly** contribuye con su familia, ejemplo, un ama de casa, o con la sociedad como lo hace un docente); los Focussingos se enfocan en algún aspecto de su vida que les hace figura o llama su atención.

Por ejemplo, un *Focussingo Mind* vive en su cabeza y da total prioridad a sus pensamientos o ideas más que a su cuerpo, sus emociones o su espíritu; un Focussingo Corpomente se centra en su cuerpo y en su mente, en sus propias necesidades, pero le falta abrirse a escuchar las necesidades de los demás; un Focussingo Metrosexy está enfocado en su cuerpo, su belleza, su atractivo físico y descuida otras áreas; pueden existir otro tipos de Focussingos.

¿Cuáles te imaginas? envíanos tus dibujos a:

www.possibilitas.com.mx   ó   **ric@possibilitas.com.mx**
Los mejores dibujos van a ser publicados en el libro 6. Dando el crédito al lector que lo envíe.

La característica principal de un Focussingo es que su capacidad de enfocarse actúa en su contra cuando dicha cualidad se convierte en una visión de tubo, donde solo veo lo que el tubo me permite ver. Al ver solo detalles, soy ciego de que estoy siendo ciego.

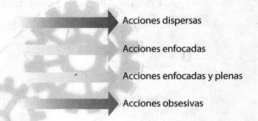

Acciones dispersas

Acciones enfocadas

Acciones enfocadas y plenas

Acciones obsesivas

Revisa cuál es el estado de tu mente cuando te enfocas en realizar acciones de acuerdo a la figura anterior: estás disperso o te enfocas, te enfocas y disfrutas la acción que estás haciendo o te vuelves obsesivo.

De *Focussingo Mind* podemos aprender su capacidad de enfocarse, algunos son muy buenos para la lectura y devoran libros, son intelectuales; otros Focussingo Mind son buenos para las matemáticas, para investigar, para hacer programas de cómputo o les encanta resolver cualquier tipo de problemas.

Algunos *Focussingo Mind* necesitan trabajar su arrogancia intelectual, creen saberlo todo y no aceptan opiniones o formas de pensar diferentes a las suyas, lo cual ocasiona que las personas se alejen de ellos. La arrogancia intelectual genera la visión de tubo, pues *Focussingo Mind* cree que él es su mente y que sus ideas forman parte de su identidad. Por eso vive como una agresión cualquier idea contraria. En este punto vale aclarar que Tú no eres tu mente, tu mente es una herramienta como una calculadora:[16] La utilizas y la sueltas; pero, *¿cuál es el problema?* Que pensamos que somos nuestra mente y la queremos usar todo el tiempo.

La mente quiere ejercer el control, no permite que el cuerpo, las emociones o el espíritu quieran decir algo.

---

16. Tolle, Ectkart. "El Poder del Ahora" Gaia Ediciones, 2008.

17. Bandler y Grinder basados en la suposición de Alfred Korzybski. Citado por José Merino y Marcela Infante en Diplomados de PNL en Reencuadre S.C. México D.F., 2003

La mente se identifica con tu EGO.

Por eso **Focussingo MInd** piensa que él es su punto de vista, olvida que nuestra percepción es una interpretación de la realidad cargada de conceptos y significados. Cabe recordar la frase de la PNL que dice:
"El mapa no es el territorio, ni el nombre la cosa nombrada."[17]
Focussingo MInd al vivir en el mundo de las ideas, a veces llega a pensar que sus pensamientos son la realidad misma. También un Focussingo necesita aprender a desaprender: un conocimiento o forma de hacer las cosas que le dio resultado en el pasado, puede no funcionarle ahora. Para ello requiere la actitud del aprendiz. La interferencia en **Focussingo Mind** es su arrogancia intelectual: el creer que ya lo sabe todo, comentarios como:

– *"No hay nada nuevo en lo que dices."*
– *"Esa idea ya se me había ocurrido a mi antes".*
– *"¿Ya entendiste o quieres que te lo explique por veinteava vez?"*

Los Focussingos tienen la virtud de enfocarse y esa capacidad es valiosa.

¿En qué nivel de desarrollo se encuentra tu habilidad?

| 0 | 1 | 2 | 3 | 4 | 5 |

¿Que tanto te apasiona o disfrutas utilizar la habilidad?

¿Tienes o debes aplicarla pues así lo requiere tu vida y trabajo?

| 0 | 1 | 2 | 3 | 4 | 5 |

---

17. Bandler y Grinder basados en la suposición de Alfred Korzybski. Citado por José Merino y Marcela Infante en Diplomados de PNL en Reencuadre S.C. México D.F., 2003

7.4 Las tres voces: DijoDije, TiterECO y la voz de Tuitui-ÓN

El uso del lenguaje y la manera en que conversamos nos ha permitido desarrollarnos como personas y como sociedad. Desde la mirada del Coaching, la vida del hombre transcurre en las conversaciones. En una conversación te contratan para trabajar, en otra declaras tu amor.

¿Cómo te comunicas? ¿Qué deces abiertamente? ¿Qué te guardas para ti mism@?

Lo que no se habla, se actúa. Por ello es muy importante vivir una congruencia entre nuestro lenguaje verbal, nuestro tono de voz y nuestro lenguaje corporal, pues nos comunicamos con todo nuestro ser, somos un campo de información vivo. Y cuando hay incongruencias entre nuestro lenguaje verbal, tono de voz y gestos o posturas, se nota.

¿A qué le haces más caso, a las palabras o al lenguaje corporal de una persona?

_____

_____

Cuando hemos hablado de la intención detrás de tu intención, *(Ver libro* **Módulo 3:** Sensus, *de esta colección),* nos referimos a que puedes tener una intención consciente y otra intención inconsciente que desconoces. El darse cuenta lo puedes llevar a tus conversaciones: contigo mismo, con los demás, con Dios y descubrir la voz de tu intuición para descubrir qué es lo que realmente quieres.

Mi invitación es a que escuches tus conversaciones, tus tres voces en ti:

La *Voz DijoDije:* lo que dices en voz audible y puede ser registrado con una grabadora, lo que dices a otro por medio de tus cuerdas bucales y genera una vibración sonora, las palabras que dices y el tono de voz, cómo lo dices.
Son los diálogos que observamos en una cafetería o en una oficina.

Esta voz es una habilidad del lenguaje verbal, *¿como esta tu habilidad para hablar con fluidez verbal?*
La dicción al pronunciar, la velocidad, el ritmo, el énfasis, el tono de tu voz.

Ricardo de la Vega

Hay personas que popean, es decir, su boca es como el escape de un coche mal carburado y hacen ruidos guturales molestos -en los entrenamientos para ser locutor de radio, aprendí mucho sobre la fluidez verbal[18], por eso es recomendable para tener mejor dicción hacer ejercicios frente al espejo con un lápiz bajo la lengua.

En la Fluidez al hablar pueden darse los extremos de la verborrea y tartamudear —ver la película "El discurso del rey"[19]— donde hay una especie de corto circuito en la sincronía de las 3 voces y el discurso interior va más rápido que nuestros labios, o bien decimos una cosa mientras nuestra voz *TiterECO* nos escupe al oído frases como: se te va a trabar la lengua, te vas a equivocar, se van a burlar de ti. En mi caso, eso me ha ocurrido con el aprendizaje del idioma inglés, aunque llevo clases particulares del idioma desde Kinder para decir:

> "One little two little,
> Three little indians,
> Four little five, little
> Six little Indians
> Seven little eight, little
> Nine little indians, ten little indian boys."[20]

o ya en la primaria recitar

> *"Humpty Dumpty sat on a wall,*
> *Humpty Dumpty had a great fall.*
> *All the king's horses and all the king's men*
> *Couldn't put Humpty together again."*

La *Voz TiterECO:* Yo decía en lugar de Couldn´t put algo así como gano putu... o al recitar el poema "My Shadow", etc. Por más clases que tomara, mi vocecita *TiterECO* era una réplica en mi cabeza de las risas de la maestra y de mis compañeros. Quede como Humpty Dumpty, roto como un frágil huevo ante la mirada de los demás. *¿Cómo es posible que pueda tocar la trompeta con los labios, imitar un grillo, un perro, un gato, un ganso, un elefante, un murciélago, personajes de la televisión, cantantes, el taladro de un dentista y no pueda hablar bien el idioma ingles?* *¿Te ha ocurrido algo así con los idiomas?*

En los diálogos *Dijodije* se pueden instalar en ti muchas creencias positivas o negativas. A mi me festejaban imitar instrumentos musicales con la boca. *¿Quien te rompe en pedazos al hablar es capaz de reconstruirte —tal como estabas— con sus palabras?* Otro extremo en la *Voz Dijodije* es la conversación blablablau, donde una de las dos personas que platican, acapara el 80 por ciento en hablar, tiene verborrea, una diarrea en palabras y su fluidez verbal es la de un locutor de programas deportivos.

> *¿Cómo es tu fluidez verbal al platicar, entre quedarte en silencio*
> *y no decir palabra o hablar interrumpiendo a los demás?*

18. Entrenamiento con Raúl del Campo, locutor de radio XEW, México D.F. 1985

19. Bermejo, José Carlos. Apunte de la relación de ayuda, Editorial Sal Terrae, Cuadernos del Centro de Humanización de la Salud, Madrid, España 1998.

20. Canción popular https://www.letras.com/wizard-songs/1681542/

La **Voz TiterECO:** es nuestro diálogo interior, *el "canal de televisión"* o estación de radio que se activa cuando conversamos, es la vocecita que solo nosotros escuchamos, el eco dentro de nuestra cabeza. A veces viene acompañada de imágenes que ilustran tus palabras. La **Voz TiterECO** es un personaje que representa dicha voz que te dice cosas al oído. Lo que te dices por ejemplo, cuando te miras en silencio frente al espejo.

¿En qué momentos se activa? ¿A quién te recuerda su voz o su forma de estructurar sus ideas?

_____

_____

_____

Y la **Voz Tuitui-Ón**, que es la voz de tu intuición, el poder escuchar tus corazonadas, escuchar lo que te dice tu cuerpo y tu espíritu en cada sensación corporal.

Observa las tres voces en ti. *¿Cuántas palabras pronunciamos con la boca? ¿Cuántas en realidad pensamos? ¿Qué pasa con esa voz interior que intuye y no se hace escuchar?*

Al hablar emitimos entre 100 y 140 palabras, eso implica un tiempo mental libre para el que habla y para el que escucha; como la mente va más rápido que la boca, ese tiempo libre mental va a una velocidad de 600 palabras por minuto, lo que implica que mientras hablamos y escuchamos, nuestra mente piensa en pendientes, prejuicios y pueden surgir sentimientos no comunicados.[21]

La escucha puede ser un acto espiritual, un acto de compasión y de amor, porque es una capacidad interior.[22]

Y escucharnos a nosotros mismos es el principio de la empatía. A partir de la información interior, me gusta recurrir a la imagen del Iceberg para ilustrar las tres voces dentro de ti:

DijoDije (el diálogo en palabras dichas y escuchadas, de 100 a 140 representa la parte visible del iceberg).

El **TiterECO,** ese tiempo mental libre, en el que la mente va a 600 palabras por minuto, representa la parte del iceberg oculta bajo el agua pero cerca de la superficie.

Y **TuiTuiON**, la voz profunda de nuestra intuición, muchas veces permanece como inconsciente espiritual, la parte baja del iceberg, lo que está más oculto son las sensaciones corporales y deseos del alma que con frecuencia no escuchamos.

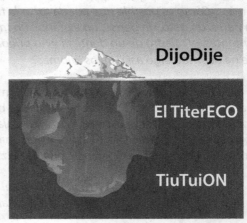

21. Bermejo, José Carlos. Apunte de la relación de ayuda, Editorial Sal Terrae, Cuadernos del Centro de Humanización de la Salud, Madrid, España 1998

22. Ibidem.

Prestamos más atención a DijoDije, después podemos reflexionar sobre lo que pensé y no dije, pero *¿cuándo abres un espacio a escuchar la voz más profunda de tu ser?*

La autenticidad al hablar es la congruencia entre las 3 voces en ti: lo que dices, lo que piensas, lo que sientes en lo más profundo de tu ser.

El *TiterECO*, esa voz puede ser nuestra aliada o nuestra peor enemiga, es una vocecita cuenta cuentos, llena de prejuicios y creencias limitantes *¿Cuántas mentiras nos secreteamos al oído?*
Nos podemos deprimir por falta de litio en el cerebro o por tener un diálogo interior negativo que nos lleva a una emoción desagradable y a una corporalidad donde bajamos la mirada y se encorba el cuello y la espalda. En una demostración de la kinesiología, Moises Resnik[23] nos enseñó el impacto de nuestra postura corporal en todo nuestro ser; no es lo mismo sonreír y mirar hacia arriba, que bajar la mirada y pensar en algo negativo.TiterECO que nos dice cosas dramáticas al oído.

¿Cuál es esa vocecita TiterECO dentro de tu cabeza? Desde la mirada del Coaching Ontológico, existen conversaciones públicas y privadas. Una conversación es pública cuando la sostenemos con otra persona, la que hemos ilustrado con el personaje **DijoDije**. Una conversación privada es aquella que tenemos con nosotros mismos pero no compartimos.[24] El persona **TiterECO** que representa la vocecita en tu cabeza.

He agregado una tercera voz al modelo anterior, la voz de tu intuición, *TuituiON*.
¿En que consiste un balance entre tus tres voces? Los jóvenes son muy dados a abrir sus conversaciones privadas, su vos *TiterECO* y pueden hablar sin poner un filtro a su diálogo interior y dañar a otros.

Las personas reservadas omiten conversar de lo que están pensando, con lo cuál se genera un desfase entre lo que dicen (**DijoDije**) y lo que piensan (*TiterECO*). Integrar la voz de la intuición ayuda a las personas a entrar en sintonía y compartir sus necesidades más profundas.

¿Cuál sería para ti un equilibrio adecuado entre tus tres voces?

_____

_____

El Dr. Miguel Ruiz[25] explica cómo opera el diálogo interior dentro de nuestra cabeza:

La mente es un recipiente lleno de ecos de información aprendida de nuestros padres, maestros, personas que nos criaron en la infancia, de lo que vemos en la televisión, de lo que nos dicen los amigos. Si alguien nos dice una mentira y nos la creemos, la mentira echa raíces en nuestra mente y se convierte en un árbol.

23. Moises Resnih "Taller Romper Tablas" México D.F. Noviembre 2015.

24. Rafael Echeverría, Ontología del Lenguaje. Capítulo 7 "El Poder De Las Conversaciones". Ediciones Granica 2006, 433 pags.

25. Libro digital, Ruiz Miguel, Mills Janet "La voz del conocimiento", Editorial Urano 28/07/2010 Página 224

¿Cuáles serán los frutos de ese árbol? Un fruto de ese árbol es la vocecita en nuestra cabeza que repite las programaciones inconscientes instaladas; cada concepto, cada idea y opinión introyectada, no masticada, es una semilla que da frutos.

¿Qué frutos dan en ti esas voces escuchadas en tu infancia y no digeridas?

Voz escuchada en tu infancia y no dijerida	¿Quién la dijo?	¿Cuál es la creencia o idea que se genera en ti?	¿Para qué te lo dijo? (capta su intención positiva en sus palabras)

Anécdota

Me encontraba dando un curso en el piso 13 de un edificio a varios ingenieros de sistemas, encargados de respaldar la información financiera de sus clientes, cuando empezó a temblar y el ruido de las persianas y la gran sacudida interrumpieron la sesión; nos pusimos de pie y nos resguardamos bajo un pilar lejos de las ventanas, sentí miedo y mi rostro se tornó amarillo. Cuando salimos a la calle, en la avenida y el camellón había ya cientos de personas amontonadas y nerviosas.

Cuál fue mi sorpresa al ver a cuatro personas con computadoras de escritorio en sus manos. Me acerqué y mi *voz DijoDije* les comentó: "Felicidades, *¿me autorizan a sacarles un par de fotos y hacerles una entrevista?"*

Me respondieron dudosos: *"Mmmmm, sí".*

Mi *TiterECO* pensó: *"Estoy sorprendido de la rapidez con la que estos hombres pudieron desconectar sus equipos y proteger la información de la empresa".*

Mi *Voz DijoDije* preguntó: *¿Cómo le hicieron para tener estás computadoras en la calle?* Su respuesta fue lo mejor: *"Bueno, nosotros venimos a entregar estos equipos y cuando inició el temblor, el policía del edificio no nos permitió el acceso a los elevadores..."* En ese momento observé con claridad que fue la voz de mi *TiterECO* dentro de mi cabeza quien me contó en fracción de segundos una historia sobre estos supuestos superhéroes que salvaron la información de su empresa. Me di cuenta que soy responsable de observar cada frase de mi *TiterECO* y no creerme todos los ecos que me dice.

La mente tiene una tendencia natural a interpretar, suponer, captar intenciones, a completar historias. En un porcentaje elevado estás interpretaciones nos permiten fluir y acertar en que algo está por ocurrir, por ejemplo, vemos en la calle a una señora cargando unas bolsas en la esquina observando el semáforo, detengo mi coche y bingo, la señora cruza la calle y me da las gracias.

Mi mente captó su intención. El problema es dar por un hecho que todas mis interpretaciones son ciertas, pues caigo en lo que la PNL (Programación Neuro-Lingüística) llama lectura de la mente: Creo saber lo que los otros están pensando. Cuando estoy en sintonía conmigo mismo y con el mundo que me rodea puedo captar con facilidad intenciones y la *"matrix"* de las cosas, en ese momento tengo la mirada de *Mirotálcuatl* y puedo escuchar la Voz de mi intuición *Tuitui-Ón.*

Ricardo de la Vega

DESCRIBE TAL CUAL EL HECHO OBSERVABLE	¿Qué Etiqueta o significado pones a la persona, objeto o situación?	Date cuenta que existen múltiples etiquetas: ¿Qué otros significados puedes darle a lo observado?
EJ. Vas caminando, empieza a llover y un señor se acerca con su coche y dice: "súbase al coche, le llevo a su casa para que no se moje".	"Este señor es un ratero "	• Este señor es empático con mi situación y me quiere ayudar sinceramente. • Este hombre necesita platicar con alguien. • Le recuerdo a un familiar.
Ej. Eres vendedor de automóviles y entra un señor con huaraches a la agencia de automóviles	"Este muerto de hambre de seguro no tiene para comprar y solo me va a quitar mi tiempo".	• Esta persona quiere comprar. Tiene dinero porque trabaja en la Central de Abastos.

Cuando me doy cuenta de que mi mente está interpretando, puedo hacer un alto y verificar con preguntas lo que estoy suponiendo. Es importante recordar que mi mente construye un mapa de la realidad en mi cabeza, que percibir es interpretar, dar un significado y en especial, la mente funciona captando posibles intenciones.

Ejercicio

Lleva un diario de las frases de tus Tres voces en una conversación:
Conversación con_____

_____

Fecha	Frases: *DijoDije*	Frase: *TiterECO*	Frases: *Tuitui-Ón*
Agosto 29	Dijo: "Págame lo que me debes"	Pensé: "Tú tienes mucho dinero, no necesitas que te pague."	Mi intuición dice: "Siento compasión, su hija está hospitalizada."
	Dije: "Te lo pago el lunes"	Pensé: "Mejor me gasto el dinero el fin de semana"	"Págale ahora, lo necesita."
	Dijo:	Pense:	
	Dijo:	Pense:	

*¿En qué momento elijo escuchar al **TiterECO**, ese ECO programado en mi cabeza, en lugar de prestarle atención a la voz de **Tuitui-Ón**? La **voz** de tu **Tuitui-Ón** tiene otra forma de decirte las cosas, no es escandalosa, su voz se conecta con tu sabiduría interior, es tu brújula* BioSensusMind *que te da un mensaje. Son esas sensaciones de certeza que a menudo no escuchamos.*

*¿Cómo puedes notar la diferencia entre la voz dentro de tu cabeza (**TiterECO**) y la voz de tu corazón, una corazonada (**Tuitui-ÓN**)?*
El aprendizaje implica hacer distinciones, haz el siguiente ejercicio para poder identificar las voces en tu cabeza que pueden ser reflexiones positivas, introyectos o pensamientos en automático, muy diferentes de la voz de tu sabiduría interior que brotan de tu intuición:

_____

Ricardo de la Vega

Voz del *TiterECO*	Frases del *Tuitui-Ón*	¿Cómo notas la diferencia?

Pon en *ON* la voz de tu *Tuitui-Ón*; al silenciar tu *Mente* llena de *EGO*, introyectos, programaciones inconscientes, malos hábitos, la paz de tu interior puede hablarte. Dentro de ti están las respuestas. Solo necesitas poner en *ON* la voz de tu *IntuiciÓN*.

Ya en el libro Sensus de esta colección vimos algunos tips para lograrlo. La *voz* del *TiterECO* te llena de explicaciones, la voz de tu *IntuiciÓN* te acepta, no te juzga y te murmura ideas que podemos sentir por ejemplo, en el estómago; necesitamos aprender la actitud de Cantalacalla (ver personaje en el libro Sensus).

Anécdota

Recuerdo cuando caminaba con mi perro por las calles de un pueblito pintoresco, esa mañana en especial había una agresividad en los perros de ese vecindario. Yo caminaba muy tranquilo con Pocket -así se llamaba mi perro Sheltie- y mi esposa, el sol teñía al amanecer las fachadas blancas; al llegar a un crucero una voz en mi interior murmuró con una sensación en el plexo solar: "Síguete por el camellón"; no le hice caso a esa voz, di vuelta en la esquina a la derecha y de una casa con el portón abierto, salió un perro Mastín que se abalanzó en silencio sobre mi perro.

En mi desesperación, tomé con los brazos a mi Sheltie y el animal prensó mi dedo, con su enorme hocico abarcó la parte trasera de mi perro. Después de su aullido y de ver a mi perro y mi dedo sangrar pedí ayuda y la gente siguió caminando como si nada. Esta es una historia que terminó en tres operaciones a las que fue sometido "Pocket".

El Ministerio Público, al ver mi dedo dijo que "eso no era nada". El mastín es un perro que ya ha mordido a varias personas y sigue suelto, pertenece a un carnicero que tiene su negocio en su casa y tiene la costumbre de mantener el portón abierto para que entren los clientes. Mi intención al contarles esta historia es distinguir el momento anterior a tomar una calle u otra.
No escuché esa voz que me murmuró: *"Síguete por el camellón".*
¿Voz del TiterECO o voz de mi Tuitui-Ón? Tú, *¿qué voces escuchas? ¿Con cuales te alías?*

Del mismo modo que hay muchas voces dentro de ti (voces internas), las personas que te rodean tienen deseos e intenciones diferentes al interactuar contigo (voces externas). Algunas se comportan con un diálogo *DijoDije*, se mantienen en una comunicación cotidiana e informativa: hace calor, dicen que mañana va a llover; otras en cambio son como la voz del *TiterECO*: nos dan un punto de vista sobre una decisión a tomar con base en sus propias experiencias, creencias e introyectos; dicha voz externa *TiterECO* puede ayudarnos o confundirnos.

Por ejemplo, Fernanda está por cambiarse de casa, piensa en vivir en un lugar de playa lejos de sus padres. Esta mujer de 19 años está muy angustiada, ya que sus papás son personas mayores. Para tomar dicha decisión ha conversado con siete terapeutas y con más de veinte amigos y vecinos, son tantas voces, que su angustia se ha incrementado. No pasa una hora sin que suene el teléfono y algún conocido le pregunte sobre su decisión a tomar.

Cuando las voces externas **TiterECO** se han multiplicado a nuestro alrededor, al grado de tener nuestro pizarrón mental saturado. *¿Qué podemos hacer?* Una solución es transcribir los garabatos del pizarrón y anotar en un papel los pros y los contras que cada voz nos da; después con calma, conectamos con nuestra brújula **BioSensusMind** y desde nuestra propia voz **Tuitui-Ón**, la voz de la intuición, tomar una decisión.

También puedes ensayar las posiciones perceptuales de la PNL. *¿Cómo lo veo yo?, ¿cómo lo percibe ese TU que me da su opinión?, ¿cómo lo puede percibir un desconocido como un lava choches, un payaso, un mesero?* y abrirnos a la mirada sistémica, *¿cómo lo percibe Dios?*

*¿Cómo distingues las voces externas?
Las voces que escuchas a tu alrededor, ¿te dan luz o te confunden?*
Piensa en una decisión que necesitas tomar, recuerda a quienes involucraste en tu tema personal y cuáles son las conversaciones sostenidas con ellos.

Dependiendo de la calidad de nuestras conversaciones va a ser la calidad de nuestras decisiones. *¿Qué criterios utilizas para confiar tus secretos a los que te rodean?*

Hay personas que van por la vida sin un filtro en la boca y confían sus secretos más íntimos a personas poco confiables o que tienen segundas intenciones. Recuerda a Jesucristo después de recibir en su bautismo el mensaje de Dios Padre: *"Tu eres mi hijo amado".* Tras ese mensaje que le dio la certeza de ser el Hijo de Dios, el Mesías y tener una misión especial en el mundo; Jesús se retira por voluntad propia, 40 días y 40 noches al desierto a un ayuno de pan, agua y de voces. Cuando estaba más vulnerable en su hambre, la voz del tentador lo intenta confundir en línea directa con el mensaje de Dios:

"Si eres el hijo de Dios, di que esas piedars se conviertan en pan."[26]

---

25. Cita Bíblica, Mt 4,3.

¿Cuál es un secreto compartido o decisión a tomar, que abriste a los demás?	voz persona 1 Nombre:	voz persona 2 Nombre:	voz persona 3 Nombre:	voz persona 4 Nombre:	voz persona 5 Nombre:
¿Que tipo de voz es? TiterECO, DijoDije o Tuiui-On					
Nivel de trascendencia de esa persona en tu vida del 0 al 5					
¿Te brinda hechos observables o una interpretación?					
¿Cómo es tu nivel de confianza en esa voz? del 0 al 5					
¿Qué intención mueve a la persona a decirte lo que te dice?					

*¿Qué tan desarrollada tienes tu voz **DijoDije** para expresarte con claridad?*

¿Te gusta hablar en público?

*¿Tienes la capacidad de reflexionar y escuchar la vocecita dentro de tu cabeza **TiterECO**?*

*¿Cómo puedes desarrollar esa habilidad de escuchar tus corazonadas **Tuitui-ÓN**?*

¿En qué nivel de desarrollo se encuentra tu habilidad?

| 0 | 1 | 2 | 3 | 4 | 5 |

¿Que tanto te apasiona o disfrutas utilizar la habilidad?

¿Tienes o debes aplicarla pues así lo requiere tu vida y trabajo?

| 0 | 1 | 2 | 3 | 4 | 5 |

Ricardo de la Vega

7.5 CintiKetas

Este personaje encierra una doble habilidad, la mente opera creando categorías para clasificar la información que recibe y poner nombre a lo que percibe.

Es una habilidad natural poner nombre y apellido a lo que vemos y conocemos. Esta hierba es cilantro y sirve para darle sabor a los cocteles, esta fruta es una naranja y por su *vitamina C* ayuda a evitar las gripas.

Que maravilla poder observar la naturaleza y poder nombrar lo que vemos. La mente es una extraordinaria fábrica de etiquetas y significados.

El Doctor Carlos Treviño Becerra[27] afirmó que para un bebé pueden existir sensaciones puras, es decir, el estímulo que llega al recién nacido no tiene un significado para él, por ejemplo, cuando escucha por primera vez el maullido de un gato.

El sonido entra por sus oídos y es procesado en su cerebro sin que dispare recuerdos o un significado en específico. El sonar de un teléfono para dicho bebé –que nunca lo ha escuchado antes– es un estímulo que produce una sensación pura en el, despierta su curiosidad, pero no lo asocia con nada.

En cambio, para una mujer de 50 años, el sonido de ese teléfono en la madrugada puede tener múltiples significados para ella, según su estado de ánimo, su cultura, su historia familiar y personal.
Ante dicho estímulo puede exclamar: *"Ahora ¿quién se murió?"* o *"Ya está dando lata mi jefe"*.

Nuestra mente funciona como un empleado en una tienda de autoservicio, que lleva un carrito lleno de productos que la gente deja por todos lados y los acomoda en el estante que le corresponde, una sopa enlatada en las repisas de sopas, un desodorante va en las repisas de higiene personal, una botella de leche, en el refrigerador de lácteos.
Para poder realizar este proceso, la mente observa y escanea la realidad, percibe categorías, etiquetas invisibles en cada objeto, persona y situación captada. En fracción de segundos, a golpe de vista es la misma mente la que etiqueta la realidad y la clasifica a través de una rejilla.

27. Carlos Treviño Becerra, Psiquiatra. México, 2000.

¿Cómo funciona tu rejilla mental?

La idea de la rejilla me recuerda el juego de las canicas en la feria. El encargado nos da varias canicas y tenemos que rodarlas sobre una tabla llena de agujeros. Cada hoyo tiene diferentes puntuaciones asignadas y la meta es hacer el mayor número de puntos.

Así funciona la mente, es el golpe de vista de los 12 segundos, todo lo que percibimos pasa por esa rejilla y le asignamos un significado de acuerdo a nuestra historia personal, necesidades del momento, deseos y patrones de pensamiento.

Poner nombre a las cosas es válido y nos permite en sociedad hacer consensos para llamar con el mismo nombre los objetos. De tal modo cuando digo "me puedes pasar por favor el LIMÓN", todos sabemos de que estamos hablando. Poner la etiqueta mental al fruto verde redondo con sabor ácido da resultado. El limón no se ofende por ser llamado limón, el limón es limón.

Un ser humano es dinámico, no estático es una persona en un proceso de desarrollo.
Llamar a un individuo "bebe" cuando nace; niñ@ cuando tiene 4 años, adolescente a los 15 años y anciano a los 80 años, son diferentes nombres aplicados a la misma persona en sus diferentes etapas de la vida. El asunto de poner nombre a las cosas y a las personas, es que la etiqueta se convierta en una fotografía fija que no nos deje ver que somos una película en movimiento. Así llamar "eres un niño" a un señor de cuarenta años, puede ser un juicio de valor, una interpretación que limita y puede ofender al otro.

Veamos tu doble habilidad, la de poner nombre a las cosas y la de poder quitar la "etiqueta-juicio" para ver las cosas tal como son. El personaje *CintiKetas* ha desarrollado esa doble habilidad.

Pongamos en práctica tu doble habilidad, ve a un parque, a un centro comercial, camina por la calle en silencio, dedica unos minutos en el trabajo con una libreta en la mano y observa lo que hay a tu alrededor, ponle nombre a las cosas y observa el comportamiento de tu mente para etiquetar a las personas y situaciones que ocurren:

Ricardo de la Vega

a) La habilidad de reconocer las cosas y ponerle nombre:

Tabla habilidad de reconocer las cosas y ponerle nombre

Cosas, plantas, animales y objetos observados	Haz una descripción del mismo	¿Qué nombre tiene? (por cuerdo social)
Ejemplo en la cocina	En un frasco transparrente, ligero que cabe en la palma de mi mano y tiene una tapa metálica con pequeño orificios circulares. En el interior del frasco se observan pequeños granos blancos acumulados cuyo sabor es salado	El objeto es un salero
Escoge un árbol en un parque		
En la calle elige algo que llame tu atención		
En un centro comercial		

b) La otra habilidad de la mente es hacer juicios, interpretar, poner "etiquetas", dar un punto de vista sobre lo que observamos, *"esto es bueno, esto es malo"*, *"está limpio, está sucio"*, *"es inteligente, tiene un retraso mental"*.

Esto le permite a la mente hacer categorías para clasificar las cosas y a las personas con base en criterios aprendidos y con el fin de hacer diagnósticos.

El problema radica en olvidar que las personas no somos *"etiquetas"* somos seres en proceso. El que un maestro le diga a una niña *"tienes la gracia de un elefante al bailar"*, es una etiqueta que la describe con una metáfora pero al mismo tiempo la puede limitar.

Al paso de los años, la etiqueta se convierte en un estigma, una creencia tatuada que puede llevar a la persona a no intentar bailar para no verse como un elefante; o la niña puede desafiar la etiqueta, seguir practicando baile y con el paso del tiempo ser una excelente bailarina.

¿De qué depende esto? De no tomarnos personal los juicios e interpretaciones que los otros hagan de nosotros. Cualquier comentario que nos hacen es información que nos retroalimenta.
Algunas personas no tienen un entrenamiento para darte retroalimentación, como dice el facilitador y psicoterapeuta José Cohen Cohen, "quítale la caquita, los adjetivos calificativos y recibe como un regalo lo positivo del comentario"[28]

Lo que buscamos entrenar aquí es tu habilidad para salir del piloto automático de poner etiquetas a priori y que veas las cosas y a las personas tal como son, sin confundir la conducta de una persona con su identidad. No es lo mismo decir "Tienes gripa" a "eres un mocoso".
El ejemplo ya mencionado del vendedor que ve entrar al negocio a una persona con guaraches y le pone la etiqueta de "_____".

En un taller de ventas recuerdo a un participante que comentó su aprendizaje: *"Entró un matrimonio a ver la casa muestra del desarrollo inmobiliario, su vestimenta sucia, el señor no traía reloj y la señora traía una bolsa del mercado, el pensamiento que me vino en automático fue: Que otro compañero atienda a estos muertos de hambre".* Ese vendedor perdió una comisión importante cuando su compañero los atiende y descubre que ese hombre de aspecto humilde, es un empresario dedicado al campo y que piensa comprarles una casita a cada uno de sus hijos.

Como diría Edmundo Husserl[29], el padre de la fenomenología contemporánea, la mente necesita entrar en un estado *epoché*, es decir, suspender, poner entre paréntesis el juicio o etiqueta que estamos poniendo al objeto o persona observada y regresarnos a simplemente describir el hecho, la conducta o el fenómeno observado.

CintiKetas es esa capacidad de poner entre paréntesis el juicio de valor y darte cuenta de la etiqueta que pones y como puedes suspender la interpretación por un momento y en su lugar describir, solo describir lo observado. Vamos a practicar:

---

28. José Cohen Cohen, Maestría en Desarrollo Humano, Materia "Integración de Equipos de Trabajo" Universidad Iberoamericana, Santa Fe, México D.F. 2008

29. En el IHPG, trabajamos con nuestra mente para crear este estado mental epoché. La epoché es "suspender" de manera momentánea el curso del propio pensamiento y abordar desde un estado mental de "imparcialidad" el estudio de las cosas. Edmund Husserl es el padre de la fenomenología contemporánea. Es él quién rescata la palabra epoché y la aplica como parte esencial de su método de reducción fenomenológica.

Ricardo de la Vega

Tabla CintiKetas

Situación que te incomoda y te lleva a reaccionar y poner una etiqueta al otro	Etiqueta o juicio de valor (la primer idea que llega a tu cabeza)	Describe el hecho	Indagar con preguntas ¿Qué es lo que ocurrió?	Respuesta del otro
Ejemplo: Tu compañero de trabajo en el bufete del restaurante es la segunda vez que se sirve de todo	Este un "glotón" muerto de hambre.	Jaime, se levanta de la mesa con su plato hacia el bufete y lo llena de comida por segunda vez, en especial espagueti.	¿Jaime, para que te sirves por segunda vez?	Es que mañana corro el maratón y mi médico me dice que necesito tener reserva de carbohidratos.

La Etiqueta mental predispone nuestra conducta.

La mente filtra la información en función de las *"etiquetas"* que pone a lo observado. Una persona moribunda en el camino puede ser ignorada si la vemos con la etiqueta *"es un vagabundo borracho".* El Evangelio del *"buen samaritano"* es ejemplo de la actitud de quitarnos las etiquetas en la cabeza para tender la mano a quien lo necesita.

Otro ejemplo del poder de las *"etiquetas mentales"* en nuestra conducta, es el comportamiento ante el consumo de productos llamados *"light"*; la palabra light se convierte en una etiqueta que *"da permiso"* de comer más; se ha comprobado en investigaciones de consumo que las personas cuando tienen la opción de comer entre productos normales o light y prefieren lo light, su consumo se incrementa en un 40% más.[30] *¿Qué significa el dato anterior?*

Las etiquetas mentales que ponemos a lo observado predisponen nuestra conducta.

---

30. Programa "Comelones" en Discovery Home and Health, 21:00 hrs, 31 marzo 2014. Canal 374 de Total Play. México.

Dejo de ver a la persona como un ser con un dinamismo corporal-espiritual-mental-vocacional, ya no es un río en movimiento es un lago congelado, te veo como una fotografía con una mueca y con el frijol entre los dientes y no como una persona en proceso de ser persona.

La mirada Mirotalcuatl possibilita a la persona observada como lo demostró Rosental en sus dos experimentos:
a) El de la mirada de los maestros sobre los alumnos (El efecto Pigmalion)

b) El experimento en una Clínica psiquiátrica, donde se demostró la compulsión de algunos médicos por diagnosticar. (El efecto compulsión por etiquetar).

Ejercicio Investiga los dos experimentos de Rosental y como puedes entrenar tu mirada para possibilitar a otros.

El personaje **CintiKetas** implica la paradoja de una doble habilidad, poner etiquetas y tener la habilidad de poder observar la vida sin etiquetas, un gran desafío, ver con ojos nuevos como lo propuso Jesucristo hace más de 2000 años; Epoché, que es la acción de poner entre paréntesis y suspender el significado y etiqueta, o la propuesta de ver sin memoria del Dr. Rubén Feldman González.[31]

La mirada de **Mirotálcualt** contempla sin distorsión, mira las cosas, los hechos, las personas tal como son. Marshall Rosemberg propone que el gran problema radica en mezclar los hechos que ocurren con nuestras interpretaciones.[32] No es lo mismo decir llegaste a las 9:20 y la cita era a las 9:00 a decir *"Eres un impuntual al que se le pegan las sábanas".*

El etólogo Francisco Torres[33] de la empresa Conciencia Canina, es experto en el comportamiento animal y asegura que el 80% de los problemas de conducta de una mascota se deben al comportamiento del dueño y a la falta de liderazgo de éste. *¿Cómo percibes a tu perro?* La etiqueta mental que le pones la actúas con tu cuerpo y el animal la percibe.

Por ejemplo, la perrita Luneta fue maltratada por su antiguo dueño pues se hacía pipí dentro de casa. Al regresarle el cachorro al criador le dijo: *"Es una perra miedosa"* y *"meona",* una *"antisocial",* si se descuida *"es una loca que sale corriendo y puede perderse".* El criador dio en donación a Luneta y al entregar a la perrita a su nuevo dueño, le heredó las etiquetas mentales del antiguo dueño cuando le dijo:
"Cuidado con Luneta, es una perra: "miedosa", "meona", "antisocial" y una *"loca que se pierde con facilidad y puede ser atropellada".*
¿Cómo te imaginas que la nueva familia trataba a Luneta? Le permitían hacerse pipí en casa, cuando estaba temblorosa con miedo la cargaban en brazos, al presentarla decían *"no se acerca a la gente ni a otros perros pues es antisocial".*

31 A finales del siglo XX y durante más de una década, el Dr. Rubén Feldman González (candidato al Premio Nobel de la Paz) y el Físico David Bohm † (candidato al Premio Nobel de Física y colaborador de Albert Einstein), mantuvieron diálogos frecuentes y profundos sobre la psicología y el conflicto humano.El Profesor Bohm, compartió con el Dr. Feldman el concepto de Holokinesis en Física, y ambos vieron la correlación de la Holokinesis con la Percepción Unitaria en todos los campos de la actividad humana. Así es como el Dr. Feldman da inicio al estudio del "Nuevo Paradigma Científico en Psicología:" la Psicología Holokinética y su fundamento, la Percepción Unitaria.
32. Rosemberg, Marshall. "Comunicación No violenta: un lenguaje de vida." Gran Aldea Editores, 2006. Páginas 200.
33. Francisco Torres, entrenamiento canino, febrero a Abril del 2015, Ciudad de México.

La fama y las etiquetas de los perros también las aplicamos con los hijos y en la escuela, los maestros tratan a cada alumno según la percepción colectiva heredada: *"Aguas con el Buñuelo, es un chico problema muy agresivo".*

Cuando cambias tu observador y vives como el personaje **CintiKetas**, tu mirada libera a la persona observada de sus propias etiquetas. Jesucristo le dijo a la mujer etiquetada de "adúltera" y que iba a ser apedreada: *«Mujer, ¿dónde están los que te culpaban? ¿Nadie te ha condenado?»* Ella respondió: *«Nadie, Señor».* Jesús le dijo: *«Tampoco yo te condeno. Vete, y en adelante no peques más».*[34] Jesús ve con ojos nuevos a la mujer y la sana, ya que las etiquetas que cargamos enferman nuestro cuerpo, nuestra mente y nuestro espíritu.

Yo Ricardo de la Vega he tenido que sanar muchas etiquetas que otros me han puesto desde la infancia, al igual que las etiquetas que en piloto automático he puesto a otros. Recuerdo que de pequeño me burlaba de *"pelones"* y ahora no tengo pelo.

7.6 Veintimicae

Es la habilidad del Darte cuenta, tu toma de conciencia. El personaje **Veintimicae** nos invita a la práctica diaria del darnos cuenta.
El ser humano puede salir de la **otredad**, es decir, salir de estar volcado hacia el exterior como los animales en un estado de alerta que los defiende de los peligros. Con la reflexión y el poder entrar en su interior, la persona humana puede reflexionar sobre sus acciones y relaciones y lograr que le "caigan veintes".[35]

¿Cómo nos damos cuenta?
La mente requiere estar atenta en todo momento a la "figura y fondo" que está frente a sus sentidos fluyendo como un caleidoscopio que cambia de colores. La mente a veces está tan ocupada atendiendo los pendientes del día, que deja de percibir y captar significados. La mente puede estar aburrida o más en la diversión que en la reflexión.

En Coaching hay un proceso que se llama acción-reflexión-acción-pregunta: Las preguntas después de la acción nos llevan a una reflexión profunda. "Omar Salom[36] Certificación de Herramientas de la PNL aplicadas" (Ciudad de México, al Coaching con José Merino Pérez. 2005-2006).

Darnos cuenta es tomar conciencia de algo que está a la vista y no lo vemos.

---

34. Del Santo Evangelio según san Juan 8, 1-11

35. Carmen García Fernández, Psicoterapeuta Sistémica, México, D.F., Diciembre de 2015.

36. Omar Salom, Certificación Herramientas de la PNL aplicadas al Coaching, con José Merino Pérez. Ciudad de México 2005-2006.

Y no lo vemos pues una forma de mirar el mundo es utilizar gafas para ver y no ver desde nuestras experiencias personales: la cultura en que vivimos, la educación que hemos recibido, se convierten en filtros que impiden ver lo que está a la vista.

Por eso en PNL, en Coaching, en Psicoterapia, lo que se busca es entrenar una nueva mirada, reconocer que estamos ciegos de que estamos ciegos.

Cuando la mente reconoce la ceguera de la propia ceguera -esa visión de tubo que da la cultura y las propias experiencias de vida- podemos abrir nuestra mente en ese darse cuenta.
Otro motivo por el que podemos dejar de percibir lo que a la vista de otros es obvio, es por un mecanismo de defensa llamado subcepción.

El Dr. Eldon Taylor define la "subcepción" como: algo que ordinariamente no es perceptible por la operación de algún mecanismo de defensa.[37]

La participación de mecanismos de defensa como la subcepción, la represión, la negación, nos pueden llevar a filtrar como con un colador lo que vemos.

Hay estímulos que no llegan a la conciencia pues los consideramos amenazantes.
Por eso en Psicoterapia, en Coaching se utiliza el modelo del Enfoque Centrado en la Persona de Carls Rogers, el cual convierte al Psicoterapeuta y al Coach en un espejo que refleja lo que el otro dice y hace.

Cuando estamos frente a un espejo que no nos juzga podemos reflexionar y darnos cuenta de lo que no vemos.

Por ejemplo, con el reflejo simple que consiste en regresarle a la persona una frase de lo que está diciendo, en especial aquella frase donde pone un énfasis con su emoción y entonación, la persona puede decir "Yo dije eso".

O el reflejo de lo no verbal, para que el otro observe su lenguaje corporal o su tono de voz; o el reflejo de sentimiento para que tome conciencia de la emoción que está brotando a la superficie en su oleaje emocional: o el reflejo de contradicción, para que tome conciencia de que puede estar diciendo una cosa y haciendo otra.

La retroalimentación espejo que nos dan los demás nos permite ver lo que no hemos visto. El mundo es un reflejo de lo que vivimos en nuestra vida y en nuestro interior.

Nos ayuda tener una libreta para anotar nuestras reflexiones y los "veintes que nos caen" como el personaje *Veintimicae*.

La filosofía budista menciona tres venenos: la ira, el apego y la ignorancia. Esta última se refiere a no darnos cuenta de la realidad en la que estamos inmersos.[38]

La mente necesita soltar la soberbia de querer mirar el mundo solo con el ojo de la mente; necesita reconocer otras formas de mirar, reconocer que existe la sabiduría del cuerpo, de las emociones y del espíritu.

Cuando la mente observa las sensaciones corporales puede abrirse a la pregunta:
¿Qué mensaje me está enviando mi cuerpo con estas sensaciones corporales?
Cuando reconoce que las emociones dan información:

---

37. TAYLOR, Eldon "Subliminal Learning: an eclectic approach", Printed United States of America Ed. Just Another Reality Publishing, Inc. October 1988.

38. Hoyo, Adriana, Psicoterapeuta y maestra de meditación, febrero 2015, Ciudad de México.

¿Qué me dice esta emoción de enojo?

Cuando la mente se abre a escuchar su parte espiritual, se puede preguntar:
¿Qué le da sentido a mi vida en este momento?

Ventimicae. Para el siguiente ejercicio piensa en alguna situación espejo que se presenta en tu vida. Una persona que no quieres saludar y te la encuentras repetidas veces, un tema constante inconcluso en tu vida, puede ser un problema con el dinero, con la confianza que depositas en los demás, descubre:
Ejercicio
¿Cuál es el patrón que se repite? el darnos cuenta nos permite pasar a otro nivel de aprendizaje. Si la situación se sigue repitiendo en diferentes escenarios:

    1 *¿Qué necesitas aprender que no has aprendido?*
    2 *¿Cómo puedes asumir la responsabilidad de lo que ocurre?*

*Piensa en una situación recurrente y reflexiona con las preguntas del recuadro para ver que **"veinte te cae":***

Tabla Ventimicae

Ventimicae ¿Qué me quiere decir mi cuerpo que no estoy escuchando?	Ventimicae (desde tu sistema de creencias) ¿Qué haría una persona muy espiritual en esta situación?	Ventimicae ¿Qué me quieren decir mis emociones?	Ventimicae ¿Cuáles son las pistas para descubrir mi Misión Personal?

Pasar de la inconciencia al
DARME CUENTA

TOMO CONSCIENCIA

ESTOY A NIVEL INCONSCIENTE

CCC

iii

7.7 Aprendizever

La actitud del aprendiz que aprende en todo momento. Este personaje representa romper con el paradigma del sistema educativo tradicional.
La actitud del aprendiz permanente puede ser una competencia a desarrollar.
No solo aprendemos cuando vamos a la escuela, el aprendizaje está presente ante las experiencias de vida.

¿Qué tan abierto estás a aprender? _____

_____

¿Qué significa para ti cometer un error? _____

_____

¿Cuál es la actitud del aprendiz? _____

_____

Un aprendiz tiene la humildad de reconocer que no lo sabe todo y que vive en un proceso de constan te aprendizaje. Se atreve a hacer una declaración de *"NO SE"* a aceptar que no sabe. En mi libro de *"Los Lagartolibros en el País de los Lagos* ³⁹*"*, hice una reflexión: Se pueden escribir algunos libros con el conocimiento que tu sabes, con aquello que ignoras se pueden llenar miles de libros y llenar una biblioteca cósmica.

Cada error cometido da la pauta para aprender, de cada persona que se cruza en nuestro camino podemos aprender algo. ¿Tú piensas así?

Lo que hundió al Titanic fue estrellarse con un iceberg, el daño fue con el bloque de hielo que no estaba a la vista. Es lo profundo en nosotros, lo inconsciente, lo que no nos damos cuenta, lo que desconocemos, lo que nos hunde y bloquea; es decir, la ceguera de nuestra ceguera. Cuando te caiga un veinte, aprende la lección.

Veinte me cae + aprendizaje = cambio de conducta y nuevos hábitos
_____

39. Ricardo José De la Vega Domínguez "Los Lagartolibros en el País de los Lagos". Libro digital: disponible en itunes https://itunes.apple.com/mx/book/los-lagartolibros-en-pais/id671139178?mt=11

Ejercicio Aplicando la metáfora del Titanic a tu vida, ¿cuál puede ser ese Iceberg con el que estás por chocar y no lo sabes?

_____

_____

¿Qué necesitas desaprender? _____

_____

¿Qué nuevos conocimientos y habilidades requieres aprender? _____

_____

Para no chochar con un iceberg necesitas desarrollar la actitud del aprendiz, esa sonrisa intelectual de los niños que no paran de preguntar _¿por qué?, ¿para qué?_

La actitud del aprendiz se alimenta de tu curiosidad y de tu necesidad básica por aprender algo nuevo cada día. **_La EBC_** _(La Escuela Bancaria y Comercial)_ [40] tiene uno de sus principios institucionales que dice: "Somos estudiantes para siempre", una invitación a que estemos en constante proceso de actualización de nuestros conocimientos y competencias laborales.

Se confunde "el adquirir conocimientos" con generar "un aprendizaje significativo". Si cuando aprendemos lo hacemos desde todo nuestro sistema BioSensusMind **Possibílitas** [MR], el aprendizaje se traduce en un cambio de comportamiento. Si sigues haciendo lo mismo vas a obtener los mismos resultados. El personaje Aprendizever se atreve a cometer errores y generar aprendizajes a partir de ellos como Thomas Alva Edison con la invención del foco.

Aprendizever no se conforma con el almacenamientos de datos en su cabeza, la información está en los libros, en los periódicos, en internet. Un maestro tiene que cambiar su rol de "depositario del saber" a "socio de aprendizaje" de sus alumnos.[41] Hay cifras alarmantes sobre muchos jóvenes que pertenecen a la generación Nini (ni estudian ni trabajan). Las cifras muestran que el desempleo se da más en los jóvenes que tienen más conocimientos, por ejemplo, los que ya tienen nivel licenciatura.

¿A qué se puede deber esto?
Hay múltiples explicaciones. Cuando la teoría no se lleva a la acción se convierte en conocimiento inútil.

---

40. Dr. Carlos Prieto Sierra: La EBC (Escuela Bancaria y Comercial) a 86 años de su fundación, busca extender la idea de aprendizaje a toda una forma de vida, plantea que no es lo mismo tener información que tener conocimiento. Trabajamos con la inspiración de nuestros Principios Institucionales: Somos estudiantes para siempre; somos impulsores de progreso; somos honestos y socialmente responsables

41. Cottin, Adrian. Certificación como Facilitador de Aprendizaje Acelerado. Guadalajara, México, 2012.

Mike es un señor de 35 años, que camina con la mirada en el piso, en todo momento está en la reflexión, vive aislado, tiene pocas amistades, su tiempo libre lo consume en un videojuego y en su computadora. Cuando terminó su carrera, en lugar de buscar trabajo, se metió a estudiar; al desayunar, comer y cenar vive pegado a sus libros. Consiguió trabajo como asistente de informática en una fábrica y al salir de una junta de trabajo, el cliente le comenta a Mike: –*Permaneciste muy callado en la junta, ¿tú que estudiaste?*–

Mike respondió con tono de presunción: –*Quiero decirle que tengo dos licenciaturas, dos maestrías y estoy por empezar un doctorado...*–

El comentario del cliente fue: –*Mike, ¿cómo le haces para que no se te note por ningún lado que has estudiado tanto?*–

¿Cómo aplicas lo que has aprendido? La mente puede usar el conocimiento como un arma discriminatoria: *"Yo sé algo que tu ignoras"*; cuando la mente se infla de conocimientos y se jacta de su inteligencia, aleja a las personas que le rodean. Hay una gran diferencia entre los intelectuales y los científicos, con los hombres sabios. La mente de los intelectuales y de los **Focussingos Mind** experimenta gran placer al hablar de lo mucho que sabe, pero los verdaderos sabios no necesitan pregonar lo que saben.

¿A qué hombres sabios conoces?

_____

_____

"Se necesitan dos años para aprender a hablar y sesenta para aprender a callar."[42]
Ernest Hemingway

Aprendizever se atreve a hacer una declaración de *"No sé"*, dos palabras simples, tener la humildad de aceptar ante uno mismo y ante los demás, que *"no sabemos de un tema"* o *"no sabemos hacer algo"*. Esa declaración nos puede evitar muchos problemas y nos abre al aprendizaje: *"No sé y quiero aprender."* Las teorías y el conocimiento para que sirvan tienen que llevarse a la práctica diaria. Como dice Ignacio Larrañaga: *"Solo se sabe lo que se vive"*[43].

Que tus conocimientos se traduzcan en acciones diarias. Por ello hay un nuevo enfoque en la docencia y en las empresas hacia desarrollar competencias laborales, para que las personas no solo acumulen conocimientos, sino que también desarrollen las habilidades específicas para aplicarlos y la actitud para querer dar un servicio e integrarse en equipo para trabajar. Los hombres sabios han aprendido con sus cuerpos en la acción de sus oficios. Más del 50% del conocimiento humano lo aprendemos desde el cuerpo y no desde nuestras mentes.[44] De ahí la importancia de escuchar a nuestro cuerpo y no solo a la mente.

_____

42. **www.sabidurias.com**

43. Larrañaga, Ignacio. "El sentido de la Vida", Editorial Alba, México D.F. 2004.

44. McMahon, Dr. Edwin M. y Campbell, Dr. Peter A. "Redescubriendo la conexión-corporal perdida en la espiritualidad cristiana". Publicado por Cree, A.C. México, D.F. 2012.

7.8 Neurón PlastiMIND

Este personaje representa la mente flexible y la neuroplasticidad dirigida. El vendedor necesita salir de su rigidez; por ejemplo, en lugar de quedarse esperando a que lleguen los clientes por sí solos, o pedir que la empresa le dé prospectos y una cartera de clientes, tendría que salir a buscarlos o activar sus propias redes sociales para generar más ventas.

Neurón PlastiMIND es un personaje que se abre a explorar nuevas alternativas, se atreve a desaprender lo aprendido. No se queda estancado en aquellas estrategias que en algún momento le dieron resultados.

Vivimos en un mundo cambiante y necesitamos una mente flexible que se adapte a los cambios y recorra nuevos caminos neuronales. Algunas personas no entran de forma espontánea a los museos, por eso en algunas ciudades del mundo, los museos salen a la calle, como en la Ciudad de México, donde podemos apreciar exposiciones fotográficas y esculturas en Paseo de la Reforma. Buena estrategia para promover la cultura y generar aprendizajes en la gente.

¿Qué podemos aprender de estrategia que usan los museos de sacar sus exposiciones a la calle?

_____

_____

Necesitamos abrir nuestra mente, trabajar con nuestras creencias tóxicas; nuestros paradigmas son filtros con los que vemos la realidad. La Danzaterapia es una excelente herramienta para flexibilizar nuestra mente con el movimiento corporal. Al soltar el cuerpo, soltamos también nuestros juicios y patrones rígidos de pensamiento.[45] Hablaremos más adelante de ésta técnica en este libro.

Ejercicio: Te recomiendo la lectura del Poema "Instantes"[46]
Si pudiera vivir nuevamente mi vida,
en la próxima trataría de cometer más errores.
No intentaría ser tan perfecto, me relajaría más…

Busca el poema completo y reflexiona con su lectura. *¿Qué tanto disfrutas los momentos de tu vida? ¿Cómo está tu flexibilidad mental de acuerdo a lo que dice el poema?* Para conocer a fondo al personaje Neurón Plastimind necesitamos profundizar en las Neurociencias aplicadas.

---

45. Curso de Danzaterapia con Kelly Raquel Mónica Satz. Ciudad de México. 2011.

46. Poema atribuido a Jorge Luis Borges, Otros lo atribuyen a Don Herold o Nadine Stair.

¿Cómo funciona el cerebro? ¿Cuál es la conexión entre cerebro y mente? El cerebro es el órgano físico, la mente es el campo de información eléctrica a través de la cual pensamos. Cada pensamiento es energía, es una tormenta en la sinapsis de las neuronas; cada recuerdo es una neuro asociación; cada idea creativa implica gran actividad cerebral.

Nacemos sin un manual para cuidar nuestro cerebro y desarrollar nuestra mente. Si no lo usamos, el cerebro se atrofia ya que es un músculo. Antes se estudiaba el cerebro de las personas en cadáveres, en la actualidad con las nuevas tecnologías se puede estudiar el funcionamiento del cerebro en tiempo real y en vivo, mientras las personas realizan actividades físicas, mentales, observan un anuncio publicitario, realizan una compra, sueñan, enseñan a otros y aprenden.
Las neuroimágenes obtenidas exploran la actividad cerebral, las más populares son la Resonancia Magnética Funcional y la Tomografía por Emisión de Positrones. Los nuevos descubrimientos permiten aplicar las neurociencias al campo de la educación, al marketing. El aprendizaje se produce como consecuencia de una serie de procesos químicos y eléctricos.[47]

Neurón Plastimind es un ejemplo de Neuroplasticidad Dirigida: El cerebro es un gran ahorrador de energía, por lo cual recorre los caminos que ya conoce para lograr un resultado. Pero ¿qué ocurre cuando ese hábito ya no es funcional y necesitamos desaprender y volver a re aprender algo? Tenemos que salir de la zona de confort y establecer nuevos hábitos. Esto implica conectar el nuevo hábito con la motivación necesaria para lograr el cambio.[48] Cuando una persona pierde la vista, las neuronas encargadas de la visión no quedan desempleadas, rápidamente encuentran un nuevo trabajo; el cerebro es flexible, se adapta y desarrolla cuando lo utilizamos.

El Dr. Joe Dizpenza[49] quien sufrió un accidente, lo arrolló un coche provocándole la ruptura de seis vértebras, lo cuál implicaba compresión de las vértebras y astillas óseas que se fueron a la médula espinal. La profecía negativa de algunos médicos materializa el futuro con sus sentencias que sugestionan al paciente. Pero El Dr. Joe Dizpenza se abrió a otras posibilidades. Aunque los médicos afirmaron que quedaría paralítico de por vida, a menos que se sometiera a una operación de columna, hasta uno de los mejores neurólogos de Estados Unidos le dijo: —No conozco a ningún paciente con su lesión que se haya negado a la operación—.

El Dr. Joe Dispenza decidió ir en contra de las creencias de los médicos, se fue tres meses a casa de unos amigos con una misión, sanar con su mente su columna. Por lo que había estudiado, existen dentro de nosotros una inteligencia sanadora dentro de cada persona (para mi, Ricardo de la Vega dicha mente superior se conecta con la fe y con Dios) y cada día, el Dr. Dispenza dejaba pasar pensamientos negativos, se enfocaba en su curación, y como la mente materializa la realidad, vizualizaba en una meditación la reconstrucción de la zona afectada; visualizar el futuro deseado y vibrar en la emoción adecuada de alegría, esperanza, modifican la realidad como lo plantean las investigaciones de la física cuántica: *son nuestros pensamientos y sentimientos conscientes e inconscientes los que van determinando los espejos del destino en los que nos reflejamo*s.

---

47. Gudiño, Virginia, Neurociencia Aplicada a la Educación del Siglo XXI. En la revista digital NEÚROFELICIDAD -Creciendo como Seres Humanos y Aprendiendo a Ser Felices. *www.neurocapitalhumano.com.ar*

48. Pla Montero, Silvio. Conferencia "Neurociencia y Desarrollo del Talento, enero 2015, México, D.F.

49. Joe Dizpenza, El placebo eres tú: descubre el poder de tu mente. Editorial Urano, primera edición Septiembre 2014, Barcelona España.

Si pienso al salir del banco con un fajo de dinero en el saco, que me van a asaltar, mando un mensaje a los delincuentes con mi lenguaje corporal de inseguridad y mis pensamientos, emoción, acciones y corporalidad incrementan las posibilidades del asalto.

El Dr. Joe Dizpenza, tres meses después de su accidente pudo caminar y llevar una vida normal sin recurrir a la cirugía. *¿Cómo es eso posible? ¿Cómo se puede regenerar la columna vertebral con el hecho de visualizar un futuro saludable?* Seguir haciendo lo mismo, pensar y decidir lo mismo, nos lleva al mismo lugar del laberinto y a sentir emociones displacenteras como el miedo, la desesperanza; emprender acciones con una actitud mental, emocional y corporal positiva, cambiar nuestro diálogo interior nos lleva a obtener diferentes resultados.

Según la neurociencia la mente es el cerebro en acción o en funcionamiento y existe la Neurorrigidez[50], pensar siempre lo mismo nos lleva a recorrer los mismos caminos neuronales, como aquellas brechas en el campo que se hicieron con el caminar de la gente por la misma ruta, genera una estructura neuronal rígida, cerebro de piedra. Es lo que llamamos una Identidad fósil en el libro **Módulo 5 Misión Personal** de este sistema BioSensusMind **Possibílitas**[MR].

Si todos los días manejas un taxi, la gente te conoce desde hace años recorriendo las calles en un taxi, tus hijos te ayudan a lavar tu taxi, llega un momento que la Etiqueta mental *"Soy un Taxista"* se instala en tus células y dejas de ver otros yo posibles en ti. No cuestiono el rol del Taxista, es un servicio útil y me han tocado muchos taxistas que aman su trabajo, son psicólogos que escuchan a sus clientes y hasta guías de turistas que hablan varios idiomas.

Anécdota

Recuerdo al Sr. Rubén, un hombre que manejaba su taxi con muy mal humor, tocaba el claxon, no respetaba las señales del semáforo, gritaba a otros conductores. Le regale un espejo con mi comentario: Don Ruben, ¿cuantas horas lleva el día de hoy al volante? usted es el primer cliente, estoy empezando y me faltan doce horas aquí sentado. En ese momento fui empático con aquellos conductores que hacen pipí en botellas de plástico.

Don Ruben, con todo respeto, es la tercera vez que viajo con usted y siento miedo al subirme a su taxi, lo que no me ocurre al ir en el avión. En ese momento, el conductor guardó silencio, me miró por el retrovisor y bajo la velocidad. Las preguntas cambian la química cerebral, llevan a las personas de un estado mental de problema a un estado diferente. Dígame don Ruben, *¿Qué es lo que disfruta más de su semana?* Le cambio la cara, volteó sus ojos hacia arriba y se trazó una sonrisa en el rostro de ese hombre con cincuenta kilos de más, en mi tiempo libre me gusta salir con mis hijos y que me ayuden a la mecánica de mi taxí, yo solito le doy mantenimiento.

　　　–¿Qué le impide dedicarse a eso que tanto le apasiona?–

　　　–Yo ya soy un hombre mayor como para emprender otro negocio.–

En el comentario anterior vemos un ejemplo de la Neurorigidez, el cerebro de piedra.

Si nuestro personaje ***Neurón Plastimind*** tuviera una conversación con Don Rubén, le diría: usted es un hombre joven que puede aprender y emprender su negocio de mecánica.

50. Joe Dizpenza, El placebo eres tú: descubre el poder de tu mente. Editorial Urano, primera edición Septiembre 2014, Barcelona España.

Nuestro cerebro es de plastilina y lo podemos moldear con nuevos pensamientos, nuevas acciones, nuevas experiencias de vida, nuevos sentimientos, usted puede darle una nueva forma a su cerebro y a su vida.

Neurón Plastimind es el ejemplo de lo que se conoce como neuroplasticidad autodirigida, lo que significa que cada persona es como un niño escultor que le da forma a su cerebro de plastilina, algunos hacen la figura de un avión y son pilotos aviadores, otros le dan forma de un edificio y son arquitectos, otros pueden crear una pelota y ser futbolistas, otros forman números y son matemáticos.

Tu moldeas tu cerebro al generar nuevos aprendizajes; *¿Cómo llegó a ser taxista, manejando un coche todos los días?* Si quiere ser mecánico automotríz, dedique más horas al día a estudiar sobre mecánica, ver a otros como lo hacen y moverse a la acción de hacerlo con el entusiasmo de que es posible.

Neurón Plastimind también es ejemplo de algo que se conoce como Neurogenesis. Antes se creía que las neuronas morían y ya no se regeneraban. Existe la génesis neuronal, ya no es ciencia ficción, hay células madre neuronales [51] en las personas adultas, obvio que disminuyen con la edad pues caemos en rutinas y convertimos nuestro cerebro en un sistema cerrado, ya no convivimos en nuevos ambientes sociales, dejamos de viajar y conocer lugares, nos sentamos a tener los mismos diálogos en nuestra cabeza y dejamos de jugar con nuevos juguetes, nos olvidamos de vivir y nos convertimos en una sola neurona, que come, duerme y ve la tele.

En el comentario anterior vemos un ejemplo de la Neurorigidez, el cerebro de piedra. Si nuestro personaje Neurón Plastimind tuviera una conversación con Don Rubén, le diría: usted es un hombre joven que puede aprender y emprender su negocio de mecánica. Nuestro cerebro es de plastilina y lo podemos moldear con nuevos pensamientos, nuevas acciones, nuevas experiencias de vida, nuevos sentimientos, usted puede darle una nueva forma a su cerebro y a su vida.

¿Sabías que el usó del Ábaco estimula la Neurogenesis?
Gracias a Gustavo López, aprendí que Soroban es el método más sencillo para entrenar al cerebro para las matemáticas, el aprendizaje de idiomas, fortalece la autoestima y tu liderazgo. Son 20 niveles como Cintas de Karate, y puedes llegar a cinta negra (1, 2, 3 Dan), niños, jóvenes y adultos, dearrollan el hábito de la disciplina, la concentración y el enfoque total.

www.soroban.com.mx

La gran noticia es que se crean neuronas nuevas cuando realizas actividades intelectuales desafiantes, cuando haces gimnasia cerebral, cuando aprendes un nuevo idioma, cuando eres creativos e inventas nuevas soluciones, también se generan nuevas neuronas cuando practicas la meditación y actividades físicas diferentes.

---

51. Fred H. Gage y Henriette Van Praag, Neurogénesis en el cerebro Adulto. Edited by Kenneth L. Davis, Dennis Charney, Joseph T. Coyle, and Charles Nemeroff. American College of Neuropsychopharmacology 2002.

0 **1** **2** **3** **4** **5**

0 **1** **2** **3** **4** **5**

0 **1** **2** **3** **4** **5**

¿Tu cerebro es de piedra o de plastilina?

_____

_____

¿Cómo quieres revertir el proceso de envejecimiento de tu cerebro?

_____

_____

¿Que tan flexible eres para hacer las cosas de un modo diferente?

_____

_____

Menciona 5 acciones que te van a llevar a una flexibilidad de ideas, a un cerebro más de plastilina y a generar una identidad diferente de ti mismo. Por ejemplo, aprender a tocar un instrumento musical, imitar voces, escribir con la mano contraria, escuchar con empatía un punto de vista contrario al tuyo, enfrentar una creencia de tu infancia:

1. _____

2. _____

3. _____

4. _____

5. _____

7.9 KuikRender

Personaje que representa los procesos mentales rápidos, como los niños que usan el ábaco. **KuikRender:** nos invita a dedicarles el tiempo mental justo a cada situación, a no vivir bloqueados.

Si yo digo *"tengo toda la mañana para lavar los platos del desayuno" ¿Cuanto tiempo creen que me voy a tardar en lavarlos?* respuesta correcta, toda la mañana.

Todo proceso mental, emocional, corporal, espiritual, tiene un *RENDER*, es decir una velocidad de procesamiento que se puede acelerar o bloquear. El cerebro tiene la capacidad de hacer muchos procesos más rápidos pero no se lo permitimos. Ejemplo de ello es la lectura rápida.

En la producción de video se utiliza el concepto de *"render".*
Cuando se hizo la animación del logotipo de mi empresa por computadora, el productor me dijo:
– *"Ya está listo, solo tenemos que esperar un día para que la máquina genere el logotipo final cuadro por cuadro".* –
¿A qué se refiere éso? Ese es el "render", el procesamiento interno de la computadora para concluir un proceso. Una computadora cuando está haciendo un *RENDER* está procesando una información y se vuelve lenta y no puede destinarse a otros procesos.

Nosotros tenemos procesos mentales que pueden requerir un *RENDER* lento, como por ejemplo, dar respuesta a las preguntas existenciales de la vida: *¿Quién soy? ¿Qué quiero realmente? ¿Qué decisión va a tener un mayor impacto en mi vida?* Cada respuesta que damos en la vida y en el trabajo es una combinación de reloj (velocidad de respuesta) y brújula (dirección e intención).

El ser humano ante cualquier eventualidad que vive, se queda haciendo una especie de *RENDER* mental que le consume su energía y su tiempo. Lo distrae del aquí y el ahora y le impide proyectarse productivamente hacia el futuro.

También se queda en un *RENDER* emocional; las emociones son de corta duración, pero ocurre que, por su estado mental fijo en un asunto, se queda ronroneando en un pensamiento y se queda fijo en una emoción; y eso lo lleva a quedarse en un *RENDER* corporal, la misma postura como un tatuaje caminante, fósil de sí mismo.

A nivel espiritual por lo tanto no avanza, no ama, no perdona.

Dios creó la tierra en 20 minutos... fué el render el que tardó 7 días

La mente se puede quedar *"rumiando"* un problema, dándole vueltas y vueltas al tema, como un motor que se sobrecalienta y este render prolongado genera estrés y ansiedad. Hay que aprender a usar nuestra MENTE (**Mind**) como una herramienta a nuestro servicio.

El concepto ***emocionalizar*** [52] consiste en que una emoción que podría ser de corta duración se amplifica con el eco de la mente; la persona dice: *"estoy enojado, estoy enojado"*, y termina gritando *"estoy enojado".* Las emociones se auto regulan cuando notamos dónde y cómo se sienten en el cuerpo y las autoregulamos en el cuerpo.

¿Qué asuntos pendientes consumen tu energía?

_____

_____

Desde tus inteligencias múltiples, *¿cuáles son los procesos y actividades que se te dan con más facilidad?* ***Kuikrender*** puede hacer operaciones matemáticas muy rápido, o puede leer con facilidad el lenguaje corporal de una persona y ser empático con su emoción. Todos somos ***Kuikrender*** desde nuestra fortaleza.

¿Cuál es tu fortaleza o tu talento natural para hacer algo?

_____

_____

Acelerar sus procesos mentales puede ser requerido para un cajero de un banco, un alumno al contestar un examen contra reloj, el conductor de una ambulancia, un mesero que necesita atender varias mesas pues su compañero se reportó enfermo. *¿Cómo está tu velocidad para procesar la información y dar respuesta a una situación urgente?*

Stephen Hawking había perdido su libertad corporal por la enfermedad de la neurona motora.[53] Los médicos le dieron dos años de vida y gracias a su fortaleza interior y la de su novia con la que estuvo casado por 25 años y tuvo tres hijos, salió adelante a pesar de estar desahuciado.

La flacidez muscular que lo desvanecía en una silla de ruedas, no le impedía tener en optimas condiciones su libertad mental. Este científico tiene intacto su cerebro y puede procesar la información al estilo del personaje ***Kuikrender.*** *Sorprende en esta historia el amor y actitud mental de su esposa Jane Hawking, quien se apoyó en su Fe en Dios y en el talento de su marido para cuidar y sacar adelante al que sería el científico más famoso del mundo.*[54]

---

52. Martha Lopez Araiza, Asociación de Terapia Biomnémica A.C. modelo terapeutico creado por el Cenobio Martínez Ruiz para sanar nuestras memorias celulares y llegar a ser más libres.
53. Dr. Salvador Giménez 23 de Junio 2014. http://www.medicina21.com/doc.php?apartat=dossier&id=1432
La enfermedad de la Neurona Motora (esclerosis lateral amiotrófica (ELA), a veces llamada enfermedad de Lou Gehring) es una enfermedad neurológica rápidamente progresiva que ataca a las células nerviosas, las neuronas responsables del control de los músculos voluntarios, los que mueven el esqueleto. La persona termina en una silla de ruedas, sin poder controlar progresivamente los músculos del cuerpo, incluso el tragar y respirar.
54. http://www.elmundo.es/ciencia/2015/01/21/54be7353ca4741f5798b4585.html

Ejercicio Revisa como haz vivido los últimos años, meses, la semana pasada.

¿Qué procesos necesitas realizar como Kuikrender?

_____

_____

7.10 ActiMAN Slow

Representa al movimiento Slow creado por Carlo Petrini en Italia, Rafael Santandreu[55] propone que igual que existe el Slow food, donde se disfruta de la comida sin prisas y la sobremesa y Slow cities donde son ciudades donde se disfruta andar en bici y de los paseos en parques, la mente necesita disminuir de su exceso de velocidad para salir de la ansiedad generalizada y aprender a masticar el placer tranquilo, ya no hacer escándalos en las colas de los supermercados, caminar a la mitad de la velocidad, reflexionar con calma, bájale a la velocidad.

Joshua Bell, el mejor violinista del mundo, participó en un experimento tocando sus mejores piezas mientras era ignorado por la mayoría de los caminantes en una estación del metro. Este es un ejemplo de la actitud humana para vivir la vida y disfrutar los bellos momentos.
¿A qué estás ciego en este momento?

Te invito a ver un video en Youtube[56] donde podemos observar lo ocurrido: el periódico The Washington Post realizó un experimento en el metro en hora pico, en el que se demostró que de 1070 personas que circularon durante 45 minutos solo 27 se detuvieron a gozar la música y del Stradivarius con valor a 3.5 millones de dólares.[57] *¿Cuál es tu reflexión?* Estamos ciegos de nuestra ceguera.

La vida se nos va como agua de río en nuestras manos mientras estamos ocupados haciendo diferentes *RENDERS BSM*: mentales, emocionales, corporales, espirituales. Tu eliges que procesos mentales necesitan realizarse como KuikRender y cuales como **ActiMAN Slow**.

*¿En que momentos necesitas ser como **ActiMAN Slow** para bajarle a la velocidad y reflexionar con calma?*

_____

_____

_____

55. Rafael Santandreu "Los lentes de la felicidad: descubre tu fortaleza emocional" Editorial Grijalbo, México noviembre de 2014.

56. http://youtu.be/C6PKjLEhp58

57. Rafael Santandreu "Los lentes de la felicidad: descubre tu fortaleza emocional" Editorial Grijalbo, México noviembre de 2014.

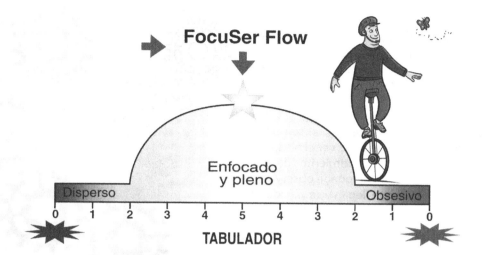

7.11 FocuSER Flow.

Personaje quien tiene la capacidad de poner su foco en una cosa a la vez y disfrutarla. Ya sea que decida hacerla rápido como **Kuikrender** o despacio como **ActiMAN Slow**. Es como un **Focusingo** holístico. Lo significativo de esta capacidad de la mente es lograr entrar en un estado de flow, cuando nos enfocamos en una cosa que disfrutamos.

Daniel Goleman[58] lo relaciona con el eustrés (estres bueno) y el distrés (estrés malo que daña el organismo). Puedo enfocarme en hacer algo de forma aburrida, pues mis capacidades son superiores al reto que enfrento, por eso me aburro; cuando nuestros recursos para lograr algo son menores al tamaño del desafío, nos estresamos a un nivel que afecta nuestra salud y podemos caer en *Burn Out*.

Para disfrutar de la vida, necesitamos cambiar nuestro enfoque mental que pretende gastar su energía en nuestras debilidades en lugar de poner el empeño en desarrollar las fortalezas y talentos que nos son naturales, nos apasionan y fluimos. Ver diagrama Nuestra tridimensionalidad (Cuerpo-espíritu-mente) puede estar:

- Dispersa o aburrida

- Enfocada

- Enfocada y en estado de Flow como FocuSER Flow Tabulador 5

- Obsesiva y con muchos estrés (distrés)

---

58. Daniel Goleman El Cerebro y la Inteligencia Emocional: Nuevos descubrimientos. Ediciones B, 25 Octubre, 2012, pags 112.

FocuSER Flow (EnfocARTE) es una habilidad de la mente que puedes entrenar por ejemplo, al meditar, tu mente se enfoca en la acción de respirar, en la sensación del aire que entra por tu nariz y sale por tu nariz.

Tu mente se puede enfocar de forma relajada y plena en observar además de tu respiración, las sensaciones en tu cuerpo; tu mente puede observar el oleaje de las emociones que brotan, tus sentimientos de amor, compasión, esperanza; tu mente puede observarse a sí misma, los pensamientos que llegan y se van, dándoles acuse de recibo y dejándoles pasar.

Tu mente puede enfocarse en contribuir con tu misión personal. La gráfica anterior **Focuser Flow** muestra cómo una mente preocupada puede pasar a un estado de foco relajado, donde ocupas tu actividad mental de forma creativa, te permite salir de los hoyos negros y enfocar tu energía de forma positiva:

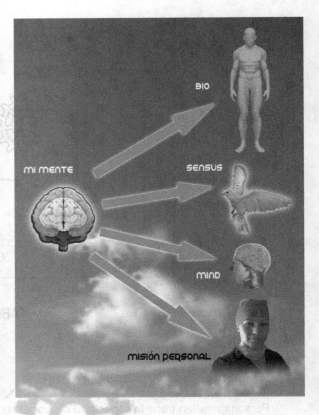

Cada una de nuestras dimensiones **BSM** es una puerta de entrada para la información. Nuestros sentidos permiten el ingreso de miles de datos: la persona que cruza la calle y te produce risa, pues su nariz se asemeja a la de un personaje de televisión, ese olor que te recuerda tu infancia. *¿Qué estímulos informativos están llegando a ti en este momento?*

_____

_____

Tú decides en qué **EnfocARTE**. Si continuas con la lectura de este libro o te enfocas en algo más, la atención parpadea, y después de atender otro asunto, respira y regresa a la lectura.
El Dr. Rafael Checa, dijo que la Oración Contemplativa que practican los Carmelitas promueve una conciencia de ti mismo en el aquí y el ahora; es una gran responsabilidad hacer consciente lo inconsciente. Si me pierdo, respiro y paso a mi centro, respiro y regreso al aquí y el ahora en una conciencia plena.[59]

ActiMAN Slow (hacer las cosas despacio) y **Kuikrender** (hacer las cosas rápido) pueden realizarse en cualquier punto de la gráfica anterior. Puedo hacer algo lento y de forma dispersa, como el chico que lee un libro mientras piensa en la novia; o hacer algo lento y de forma estresada hasta el grado que la velocidad disminuye a tal punto de quedar congelado, como quien frena su paso ante un asalto en la calle. La velocidad rápida o lenta no garantizan que la actividad se disfrute.

_____

59. Dr. Rafael Checa, OCD, citado por su discípula Carmen Reveles, 13 Febrero 2014, México. D.F.

Puedo leer mis libros con la técnica de lectura veloz y no disfrutarlos o puedo ir en un tobogán acuático a toda velocidad (*Kuikrender*) y disfrutar dicha acción acuática con todos mis sentidos *(FocuSER Flow)*, pues estoy plenamente en el aquí y el ahora, centrado en la sensación del agua fría y la diversión de la caída libre. El ser humano tiene que descubrir el criterio:

¿Que acciones necesito hacer más despacio para disfrutarlas?

_____

_____

¿Qué acciones puedo realizar a más velocidad y gozarlas?

_____

_____

En un Taller de meditación, Adriana Hoyos[60] nos compartió el siguiente pensamiento:

"El Buda caminaba solamente para disfrutar el caminar, lo hacia despreocupado sobre el llegar a algún lado en particular. Conforme bajaba su ritmo su corazón se tranquilizaba"

Thich Nhat Hanh [61]

Vamos a agregar un tercer elemento, para formar la molécula de la acción plena:

1. El criterio para regular la velocidad a la que hago la acción

2. Enfocarse en una cosa a la vez y disfrutarla.

3. Agregar actitud y propósito. En este punto propongo el amor de:
__Mariam LOV__ o pudiera ser la esperanza del personaje __Esperanzati__. (Te sugiero revisar los personajes del libro SENSUS *de esta serie).*

¿Qué actividades necesitan está otra molécula? Por ejemplo, un cajero de banco donde faltaron dos de sus compañeros, requiere procesos mentales ágiles como los de *Kuikrender* y sumarle un estado de *FocuSER Flow* para fluir en lo que hace y no bloquearse, y pensar en el servicio que ofrece a los demás con su trabajo, lo cual es un acto de amor. Aquí agregamos el propósito de amor representado por el personaje *Mariam LOV* que vimos a detalle en libro anterior SENSUS.

¿Conoces algún empleado que aplica una molécula que afecta su servicio al cliente?
Va a la velocidad de *ActiMAN Slow,* se dispersa como *Disperzappin* entre el bolero que le lustra el calzado, los mensajes de texto en su cel y no ama su trabajo pues el quiere jubilarse para poner un negocio propio.

---

60. Adriana Hoyos, Taller de Meditación Febrero a Abril 2015, México,D.F.

61. Thich Nhat Hanh, maestro zen nacido en la región de Vietnam Central el 11 de octubre de 1926, monje budista desde hace más de cuatro décadas y activista por la paz, nominado para el Premio Nobel por ese motivo. Refugiado político en Francia desde 1972, por su combate pacífico, empezado durante la guerra de Vietnam.

Ahora imagínate, hacer una actividad a la velocidad adecuada; una a la vez y disfrutándola y si le agregamos propósito a la acción. Cuando lo que hacemos lo realizamos con AMOR, el potencial benéfico se multiplica para nosotros y los demás. Imagínate la combinación de los tres cualidades, forman **LA MOLÉCULA DE LA ACCIÓN PLENA**, un nuevo tipo de molécula en el sistema Biosensusmind.

¿Qué impacto tienen tus ACCIÓNES realizadas desde dicha molécula?

_____

_____

Molécula de la acción plena

ActiMAN Slow
Bajarle a la velocidad

Kuikrender
Subirle a la velocidad

FocuSER Flow
Poner el foco en una cosa
a la vez y disfrutarlo

Mariam LOV
Realizar la acción
con propósito
de amor

Ricardo de la Vega

Ejercicio

Ahora haz un listado con 10 acciones que quieres hacer regulando la velocidad; con un enfoque disfrutable y además haciéndolo con un propósito de amor:

No.	ACCIÓN	RÁPIDA O LENTA	ENFOCADO Y PLENO	CON AMOR
1				
2				
3				
4				
5				
6				
7				
8				
9				
10				

Para poder lograr un estado como el del personaje **FocuSER Flow**, *hay que emprender varias acciones:*

1. Aplicarte una herramienta psicométrica (con Omar Aguilar Morales) como el *Bezinger* [62] que te permite descubrir cual es tu estilo de pensamiento (Enfocado en hechos, enfocado en las personas, enfocado en los proceso y enfocado en tu visión y sueños), con este test podemos saber cuales son nuestras fortalezas naturales, aquellas en las que nos sentimos como pez en el agua y las realizamos sin que nos produzcan estrés, y las habilidades que hemos desarrollado por necesidad de adaptación al entorno o a las posibilidades de trabajo, lo que significa que las podemos hacer con un costo de mucho estrés y perder la capacidad de disfrutar lo que hacemos.

---

62. Omar Aguilar Morales, Consultor de Empresas, es Ingeniero Electrónico y en Comunicaciones y Lic. en Administración de Empresas y Lic. en Psicología Organizacional con enfoque en desarrollo humano; es especialista en Neuro-Marketing y en manejo de nuevas tecnologías.

Las personas somos como una huella digital, como una pintura que surge de la combinación de colores, el *Test Lumina Park*[63] parte de la idea de los cuatro humores planteados por *Hipócrates de la Grecia Antigua* (Melancólico, colérico, flemático, sanguíneo) y de donde surgen diferentes estilos de pensamiento: azul (hagámoslo bien), Rojo (hagámoslo ahora), verde (hagámoslo armoniosamente) y amarillo (hagámoslo juntos).

A los azules los estresa la falta de información, el tiempo desperdiciado o tarea apresurada; a los rojos los estresa la falta de enfoque en los resultados, la indecisión, perder el control y el remedio es permitir acciones rápidas, tomar decisiones o receso y darles el control; a los verdes los estresa el trato injusto, la violación de los valores, las interrupciones o presiones en el tiempo, la sugerencia es empatía con ellos para recuperar la confianza, más contacto personal y un enfoque en la persona y bajarle a la presión con la entrega de tareas; a los amarillos los estresa limitar su creatividad, cuando hay poca flexibilidad y mucha estructura, cuando se reduce la interacción social y la diversión, les pega el rechazo personal, la solución es generar ambientes donde puedan abrir sus posibilidades creativas, ser más flexibles con ellos, no exigirles escritorios ordenados con un orden estético y lógico.

Gabriela Bravo y Christina Arellano sugieren también la aplicación de otra herramienta llamada **Management Pro**, herramienta de sexta generación que permite conocer tus habilidades, motivaciones, estilo de liderazgo, habilidades para vender y han desarrollado un sistema para mapear equipos y trabajar sus competencias laborales con base en un perfil de puesto.[64]

¿Ya conoces cuales son tus fortalezas vs tus capacidades?

¿Ya sabes qué disfrutas hacer y que te disgusta hacer aunque tengas las habilidades para hacerlo?

2. El consultor Eduardo Mouret[65] recomienda la lectura del libro "Ahora enfócate en tus fortalezas"[66] Romper el paradigma de enfocarnos en lo que falta, para poner el foco en tus habilidades y dejar huella, obvio regulando aquella debilidad que puede descarrilarte.

3. Abrirte a la retroalimentación de tu familia, amigos y compañeros de trabajo. Ábrete como dice Adrián Cottia a una retro 5x1(5 fortalezas y 1 área de oportunidades).

4. Practicar Mindfulness, meditación o cualquier técnica de respiración consciente.

---

63. Test Lumina Park, aplicado en la EBC para conocer el perfil de cada alumno.
64. Gabriela Bravo y Cristina Arellano de la empresa Talento al 100
65. Eduardo Mouret-Polo, Consultor con experiencia de 40 años en los campos de Psicología del Trabajo y de las Organizaciones Laborales, en Recursos Humanos y en Desarrollo Humano y Organizacional. Ha sido Presidente y Vicepresidente de las Asociaciones Profesionales a las que pertenece como: API, AMECAP, AMESEP y ASTD. Actualmente PRESIDENTE de la Asociación de Profesionales en Desarrollo Organizacional.
66. Autor "Ahora enfocate en tus fortalezas" libro recomendado por Eduardo Mouret Consultor Organizacional. (FALTA)

7.12 Rememverdoit MR

La memoria a corto, mediano y largo plazo, memoria sobre lo que tengo que hacer. El **Rememverdoit** es tu memoria, una bendición desde la cual podemos amar, pues sin la memoria *¿cómo podemos recordar al ser amado?*

La memoria nos da identidad de quien somos y también actúa en nuestra contra cuando nos dice lo que no somos y nos recuerda nuestras creencias limitantes.
El **Rememverdoit** MR es una herramienta del *Sistema y del Diplomado* BioSensusMind **Possibilitas**MR para poder generar buenos hábitos, y también es un apoyo a tu memoria, ya que con facilidad olvidamos nuestros compromisos.

El apego tiene que ver con nuestra memoria; apegarnos es aferrarnos a algo o a alguien. El recuerdo es el puente que construye vínculos en nuestra mente con las cosas y personas. *"Esta casa es de mi propiedad", "Novia mía, novia mía";* en el salón de clases el alumno asume que una silla en ese espacio *es suya y puede incluso decir de forma agresiva: "Quítate de mi lugar".*

El Alzheimer (se pronuncia al-SAI-mer) es una enfermedad cerebral que causa problemas con la memoria y parece una solución -no muy afortunada- a los apegos. La persona con dicho padecimiento rompe poco a poco con apegos a las personas, objetos, oficios, hasta renuncia a su propia identidad.

Ya sin memoria, ¿qué queda de ese ser humano? La persona olvida hasta lo básico para sobrevivir, caminar, lavarse los dientes, que el jabón es para utilizarse en el baño no para guardarse en el refrigerador. Quienes han vivido con un familiar con Alzheimer saben el desgaste y el dolor que produce ver que el ser amado no los reconozca al mirarlos a la cara.

Para un niño, tener apegos le permite vivir, le da seguridad, el apego a mamá, a su propio espacio en casa, a su grupo de amiguitos. La rebeldía sana del adolescente lo lleva a romper apegos y a pasar de la dependencia a la búsqueda de su independencia, para que en la edad adulta llegue a construir relaciones interdependientes.

¿Hay formas saludables de romper con apegos? ¿Cuáles conoces?

_____

_____

_____

El ***Rememverdoit*** [MR] es personaje-herramienta para ejercitar tu memoria para recordar aquello que necesitas hacer en tu vida y en tu trabajo, poder establecer prioridades, dar seguimiento a tus proyectos de vida como lo hace un líder de proyectos, establecer una estrategia y secuencia de pasos para lograr tus objetivos.

Basado en recomendaciones de David Allen[67] para no traer la agenda en la cabeza que es lo que dispara los niveles de estrés en las personas; *¿Cómo puedes lograr una elevada productividad sin altos niveles de estrés?* El autor da herramientas: llevar por ejemplo un registro maestro donde anotamos todas las ideas, citas, proyectos, llamadas que surgen y después de ahí clasificamos la prioridad y si el asunto requiere acción o no; si son acciones aisladas o un proyecto; si una acción es importante y la podemos hacer en menos de dos minutos, HAZLO YA!!!

San Juan de la Cruz [68] nos invita a sanar nuestras memorias con la esperanza. Lo que recordamos nos lleva a repetir los mismos caminos neuronales de siempre, surgen anclajes y estados emocionales que nos llevan a repetir acciones. Cuando las memorias de cada persona se inundan con el oleaje de la esperanza, se abren posibilidades para ensayar nuevas alternativas y construir un futuro diferente.

La Biomnémica es un modeló psicoterapeutico desarrollado por Cenobio Martínez Ruiz, no inventó la Biomnémica, simplemente le sucedió, pudo observar de otra forma las memorias celulares, aquella información que está en nuestro inconsciente corporal ya que el cuerpo tiene una memoria muy independiente de nuestra mente. Un bebé en el vientre materno puede guardar a nivel celular las conversaciones de sus padres, médicos, aún antes de que su cerebro esté desarrollado.

Recomiendo la lectura del libro Biomnémica el arte de liberarse de la ansiedad[69] disponible en la Asociación Mexicana de Biomnémica Ac.[70] BIOS = vida, Mnesis =memoria, ICA = referente a "Lo referente a las memorias de vida"[71] Basado en teorías de Wilhein Reich[72]

Por ejemplo, este controversial psiquiatra propone la tesis que los tumores cancerígenos son un síntoma de la enfermedad, desde esta interpretación, el cáncer es la expresión somática de una dolencia sistémica causada por el efecto biofisiológico por la frustración crónica del funcionamiento natural de la sexualidad de una persona.[73]

¿Donde está la clave de la Biomnémica?

Las memorias celulares, o biológicas son diferentes a una memoria cognitiva.[74]
La memoria cognitiva: Es la capacidad de recordar un evento que llegó a nuestra consciencia; participa el Neocortex, esta asociado al lenguaje.

67. David Allen, Organízate con Eficacia: máxima productividad personal sin estrés. Editorial Empresa Activa, 2006. 368 pags.
68. San Juan de la Cruz "La Subida al Monte Carmelo", Editorial Monte Carmelo quien pone el libro a disposición de los visitantes de su página web: www.montecarmelo.com y les da autorización exclusiva para su uso personal. Se prohíbe la reproducción total o parcial de dicha obra.
69. Cenobio Martinez Ruiz Biomnémica: el arte de liberarse de la ansiedad. México DF. Agosto 1998.
70. www.biomnemica.com con Martha Lopez Araiza psicoterapeuta en mi propio proceso psicoterapeutico. Ciudad de México abril 2015 a enero 2016.
71. Martha Lopez Araiza conferencia sobre Biomnémica, en la Asociación Mexicana de Biomnémica Ac. México, D.F a 12 de marzo del 2015.
72. Wilhelm Reich fue médico, psiquiatra y psicoanalista austriaco-estadounidense de origen judío. Fue miembro de la Sociedad Psicoanalítica de Viena, siendo inicialmente discípulo de Freud.
73. Wilhelm Reich, La biopatía del cáncer, Ediciones Nueva Visión, segundo tomo del descubrimiento del orgón, Buenos Aires Argentina, 31 de marzo de 1985. Esta obra apareció por primera vez en 1948 y su difusión fue limitada.
74. Martha Lopez Araiza conferencia sobre Biomnémica, en la Asociación Mexicana de Biomnémica Ac. México, D.F a 12 de marzo del 2015.

Anécdota

"Yo recuerdo que me regalaron un patín del diablo", recuerdo que mi abuelo Ricardo a mi edad de tres años me llevó de su mano a regalarle paletas heladas a todos los primos y fue el primero en regalarme unas palomitas de maíz.

Es decir, Traigo a mi mente un recuerdo cognitivo. También recuerdo cuando pateé mi pelota de futbol y cayó en casa del vecino, Lulu la persona que nos apoyaba con el servicio doméstico, me acompaño a recuperar el balón, al tocar el timbre no escuchamos respuesta del vecino, por lo que Lulú metió su boca en el orificio ovalado de una puerta metálica oxidada y grito el nombre del vecino, el perro le arrancó los labios y a mi corta edad vi a Lulú sangrando desfigurada. Después de ese incidente me hacia pipí en los pantalones con tan solo ver al perro pequinés de una prima. Tuve que vivir un proceso para sanar ese recuerdo traumático.

La **TCM** *(Terapia del Campo Mental)* ayuda a colapsar anclajes, la información que nos perturba guardada en nuestro campo cognitivo. Para que la Terapia del campo mental opere hay que pensar en el evento estresante o que nos genera tristeza, culpa o enojo.

Al sintonizar ese pensamiento, que es un recuerdo cognitivo formado por imágenes, sonidos y sensaciones corporales, y hacer un algoritmo o secuencia médica de golpecitos con las yemas de dos dedos en diferentes puntos de tratamiento (comienzo de la ceja, bajo el ojo, bajo el brazo, bajo la clavícula) podemos disminuir nuestro malestar.

De tal modo que podemos recordar el evento sin tanta carga emocional.[75] En mis talleres he trabajado con personas que han liberado su estrés con **TCM**, una persona que tenía miedo a los elevadores pudo después de trabajar con su problema poderse subir a un elevador donde dábamos el taller; otro participante pudo librarse del pánico que le daban los perros a raíz de ser mordida; otra pudo atreverse a manejar su coche -pues aunque tenía meses de haberlo comprado- por miedo no lo manejaba.

Las memorias celulares o biológica (que se trabajan con la Biomnémica): esta memoria se graba en el disco duro del cuerpo, en nuestras células y órganos. *¿Cómo se graba dicha información?* en estados de inconsciencia, no pasa la información por el neocortex, opera como un anclaje a nivel inconsciente que nos dispara un estado emocional y no encontramos el motivo de por que nos sentimos así.[76]

El olor a quirófano me disparaba una ansiedad relacionada con algún evento de mi infancia posiblemente cuando nací y se generaba en mi un miedo infantil por llamarlo de alguna manera y me comía las uñas. Hay memorias biológicas agradables y desagradables, como el olor a tierra mojada que no recuerdo con que está asociado en mi ser pero me genera una paz muy profunda. Las personas usan sin darse cuenta ambas memorias: la cognitiva y la biológica...

75. Dr Luis Jorge Gonzalez y Jenny Edwards en un entrenamiento para ser Terapeuta del Campo mental, Febrero 2010, Ciudad de México.

76. Martha Lopez Araiza conferencia sobre Biomnémica, en la Asociación Mexicana de Biomnémica Ac. México, D.F a 12 de marzo del 2015.

¿Para qué se graban las memorias celulares desagradables?

Esta memoria se graba desde la fecundación, gestación, nacimiento y diferentes estados de **INCONS-CIENCIA**, como un mecanismo de protección del propio organismo ya que los estados emocionales desagradables nos protegen, siento miedo de lo que amenaza mi vida, enojo al ver una injusticia y necesito poner limites, tristeza por una pérdida.

¿Cuáles son las condiciones en que se graba la memoria biológica?
Cuando el organismo de la persona se encuentra en estado de alarma. En lo que se llama acción inhibida y no puedo responder ante esa amenaza de vida. Da un ejemplo la psicoterapeuta Martha Lopez[77], se cae mi mama embarazada y yo en el vientre no puedo responder.

La corteza cerebral no esta madura en el vientre pues soy un pequeño bebé en estado de inconsciencia. Los mensajes de médicos, enfermeras, conversaciones de familiares, en especial la vibración de las voces, quedan grabadas en mi cuerpo. Otros casos donde se puede dar esta especie de grabación corporal de mensajes subliminales son los desmayos, accidentes, estar sin conciencia en una operación bajos los efectos de la anestesia, en terapia intensiva, en estado de coma.

La memoria biológica me puede llevar sin darme cuenta a sobre emocionalizar un suceso y generarme mucha ansiedad, enojo, celos, tristeza. Cuando se estimula una memoria celular viene toda la información que se grabó y se generan comportamientos o emociones fuera de proporción e incongruentes. Podemos entrar en un pico emocional de enojo ante el echo que un taxista se quede con el cambio, que nuestra pareja haga un coqueteo con un extraño o el jefe nos alce ligeramente la voz. Podemos gritar e insultar al otro, ya que el evento disparador hace resonancia con el evento guardado en nuestras células.

La Terapia Biomnémica es efectiva y logra desactivar el efecto de las memorias celulares que nos impiden ejercer nuestro libre albedrío. El Terapeuta certificado en Biomnémica está entrenado para detectar las memorias celulares que se manifiestan en el lenguaje verbal del paciente durante las entrevistas. Por lo que he vivido en mi propio proceso de terapia, he logrado desactivar muchos de mis miedos infantiles y he bajado mis niveles de ansiedad y puedo ser más asertivo en mis decisiones. Tal parece que al pronunciar con la vibración de mi voz, las frases que se quedaron en mi memoria celular grabadas, estas quedan desactivadas.[78]

¿Cómo ocurre esto? Las emociones se autoregulan mejor desde el cuerpo. La Biomnémica desprograma las memorias desagradables que condicionan nuestros actos. Cuando se cambian dichas programaciones subliminales a nivel biológico, la personas pueden salir de enfermedades psicosomáticas, de pensamientos obsesivos, de emociones alteradas y reacciones en automático.

---

77. Martha Lopez Araiza conferencia sobre Biomnémica, en la Asociación Mexicana de Biomnémica Ac. México, D.F a 12 de marzo del 2015.

78. Te invito a visitar la página de la Asociación Mexicana de Biomnémica y a descargar el libro. *www.biomnemica.com*

Ricardo de la Vega

El Dr. Carlos Treviño Becerra va más allá al hablar de una MEMORIA GENÉTICA, una información que pasa de abuelos y padres a su descendencia. Por ello una mujer que nunca ha estado en un pueblo de Francia, puede llegar y recordar que al final de la calle hay unas casas azules, una fuente y una estatua de un general Frances y al correr en dicha dirección y llegar al centro de la plaza encontrarse con que de algún modo ya había estado ahí y lo recuerda. La posible explicación -dijo el Dr. Treviño- es la memoria genética que pasa del abuelo al padre y del padre a la nieta.[79]

El Enfoque Bio Espiritual una modalidad del focussing, también parte de la sabiduría y los significados guardados en el cuerpo, al escuchar el cuerpo podemos conocer los asuntos y pendientes que venimos cargando en el como sensaciones desagradables, el no luchar con la sensación, aceptarla y acompañarla de una forma cálida y suave permite que se regulen y cambien, así un dolor de cabeza que se debe a una emoción no escuchada, puede disminuir.

7.13 Espejo KEAS

Este personaje representa nuestras neuronas espejo[80], de las cuales nace la empatía y el deseo de imitar a otros, lo que trae como resultado que aprendemos viendo. Tal como las aves **KEAS** que aprenden al ver a sus compañeros obtener premios.

Los **KEAS** aprenden al imitar a otros, los seres humanos también aprendemos de forma pasiva, sin la intención de aprender, con solo observar a nuestros padres, maestros, amigos, programas de televisión.
Sin darnos cuentas podemos aprender con solo ver a alguien modales en la mesa, el hábito de masticar chicle, como combinar nuestra ropa, el rol de padres, como contar un chiste. Se activan las mismas neuronas senso-motoras cuando doy un beso que cuando veo a una pareja darse un beso; al ver a otra persona estornudar se activa mi sistema inmunológico, al mirar un comercial de televisión donde un deportista bebe agua, se activan las mismas neuronas espejo que cuando yo bebo agua.

El Personaje **Espejo KEAS** es hermano de **Aprendizever**, las neuronas espejo van de la mano del aprendizaje. Por eso se da un aprendizaje pasivo y por imitación cuando vemos televisión, una película, mirando a otros como hacen sus oficios, eso nos sirve de modelo a seguir.

Recomiendo ver en youtube el video "Children SEE, Children DO" donde los hijos aprenden de sus padres por observar e imitar comportamientos. Es el ejemplo del las niñas que se ponen los zapatos de tacón de sus mamás o los niños que se quieren rasurar frente al espejo.

79. Dr. Carlos Treviño Becerra, Curso de Autohipnosis. México, D.F. 1987.

80. Gia como rizzolatti *"Las neuronas espejo: los mecanismos de la empatia emocional"* (premio Principe de Asturias de Investigación 2011). Paidos Iberia, 2006 pag. 240.

Es el ejemplo del las niñas que se ponen los zapatos de tacón de sus mamás o los niños que se quieren rasurar frente al espejo.

¿Cuales son tus fortalezas como papa, mamá, líder en tu empresa, maestro?
¿Cuál es tu área de oportunidad que te puede descarrilar de tu vida?

El personaje ***Espejo KEAS*** también te lleva a la reflexión, tu eres espejo para los demás, un espejo cotidiano donde se miran las personas que te rodean, un modelo a seguir para quienes te admiran y envidian. También tus hijos, pareja, familiares, amigos, vecinos, compañeros de trabajo son tu espejo. ¿De que pie cojeas?

Cuando no logras ver tus cualidades y defectos, se convierten en una sombra oculta bajo tus pies como ocurre al medio día cuando hay más luz y tu sombra se esconde debajo de ti, el mecanismo de defensa llamado "proyección", es un medio inconsciente para afrontar la realidad y reducir ansiedad que nos produce ver lo que ocurre, es la forma en que puedes ver lo que más te gusta y desagrada de ti mismo.

Puedes leer el libro "Tu hijo tu espejo" o ver el video de la autora Martha Alicia Chavez en youtube donde se explica con claridad la proyección que es un espejo inconsciente, atribuir a otros lo que corresponde a uno mismo, un sentimiento, pensamiento o rasgo de personalidad.

Aplica los 4 pasos siguientes para aprender imitando a otros o entrenar a algún colaborador. Dicha herramienta te puede servir para aprender cualquier oficio, deporte, fortaleza o habilidad que quieras desarrollar. Elige

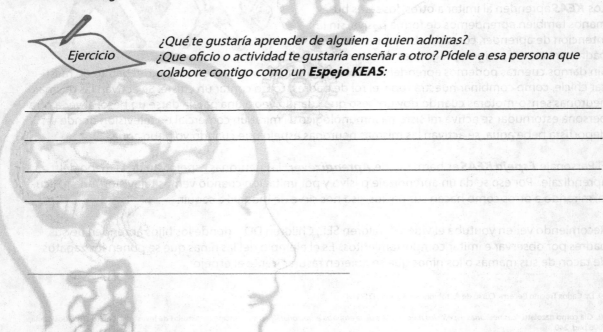

Ejercicio

¿Qué te gustaría aprender de alguien a quien admiras?
*¿Que oficio o actividad te gustaría enseñar a otro? Pídele a esa persona que colabore contigo como un **Espejo KEAS**:*

_____

_____

_____

_____

_____

Método de los 4 pasos para entrenar colaboradores

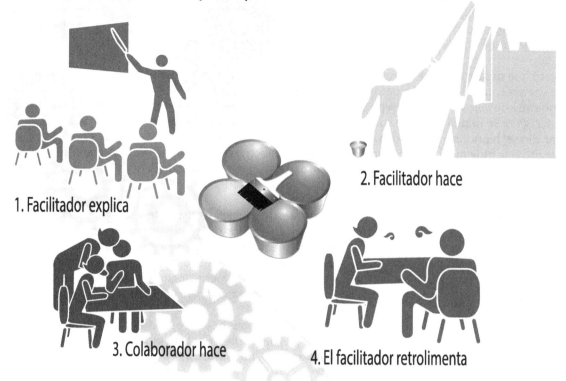

1. Facilitador explica

2. Facilitador hace

3. Colaborador hace

4. El facilitador retrolimenta

7.14 Personaje Hiiipnas Placebus

¿Cómo puedes programar tu mente inconsciente a tu favor?
El Dr. Carlos Treviño Becerra psiquiatra mexicano, en sus talleres de Hipnosis y Autohipnosis.[81] Explicaba que la hipnosis es una heterosugestión, es decir una orden sugestiva que viene desde fuera de la persona.

Mientras más inteligente es una persona -afirmaba el Dr. Treviño- puede ser más sugestionable, se utiliza para ello un lenguaje verbal, tono de voz y lenguaje corporal que influye en el otro para generar un estado de trance.

---

81. Dr. Carlos Treviño Becerra, Talleres de Hipnosis y Autohipnosis 1985 a 1990, México, D.F. Director de SOMEPAR.

La diferencia entre hipnotismo y la hipnosis, es que el hipnotismo son sugestiones que se dan a otros en un auditorio con fines de un espectáculo, el mago o hipnotista elige por un proceso de observación a aquellas personas más sugestionables (Ver las películas: Los Ilusionistas 1 y 2").

Al sujeto que pasa al frente, lo sumerge en un estado de trance y da la orden "cuando abras los ojos ya no vas a recordar el número cuatro" (lo que sería una orden post-hipnótica); truena los dedos, la persona abre los ojos y le pide el hipnotista que cuente en voz alta los dedos de su mano. La persona dice: 1,2,3,5,6. Se brinca sin darse cuenta el número cuatro y se sorprende de tener seis dedos. Vuelve a contar, dice el hipnotista, la persona cuenta y vuelve a decir 1,2,3,5,6 dedos. La gente se ríe. El hipnotista le pide que cierre los ojos, en estado de trance le pide recordar el número cuatro y cuando la persona abre los ojos puede contar los dedos de su mano incluyendo el número cuatro: 1,2,3,4,5. El auditoria aplaude.

La hipnosis clínica tiene un propósito de entrar a nuestra mente inconsciente y sanar los recuerdos que nos afectan. Es como editar una película, una cirugía de los pensamientos, donde al cambiar la estructura del recuerdo se modifica el estado de mi mente en el presente y en el futuro. Al igual que el hipnotisador, vivimos en un eterno trance, autosugestionados con nuestro dialogo interior, como estar en un proceso de autohipnosis, digo algo y mi mente inconsciente se lo cree tal cual es literal. El problema es que no nos damos cuenta de que estamos en dicho trance a lo largo del día..

Al ver la tele, al mirarnos al espejo y decir "mira qué carita traes hoy", al escuchar nuestra canción favorita y cantarla en el camino a la escuela o al trabajo, al dar un beso o al imaginar un beso y una caricia. El personaje *Hiiipnas Placebus* representa la invitación a que descubras tus trances y aprendas a programar tu mente inconsciente a tu favor.

Toda persona puede aprender a entrar en un trance al meditar y en ese momento hacer afirmaciones positivas, como lo plantea la *PNL* desde el enfoque de la Hipnosis Ericksoniana[82] y la Sugestología, la ciencia de la sugestión. Las sugestiones puede ser positivas o negativas, teniendo un impacto en todo nuestro ser. La capacidad para sugestionarnos de forma positiva es un ingrediente indispensable para aprender y cambiar nuestra conducta. Para saber más del tema vale la pena profundizar en los estudios sobre Sugestopedia.[83]

Percibimos más de lo que creemos percibir. Por ejemplo, en un salón de clases hay espacios no utilizados para el aprendizaje. Con las técnicas de aprendizaje acelerado se pretende que los alumnos aprendan con toda la mente. Las paredes se pueden decorar con fotografías, murales, mapas mentales, móviles colgando del techo.

---

82. Erickson, Betty Alice, Erickson-Klein, Roxanna, García Sánchez, Teresa, Short, Dan; "La Hipnosis de Milton Erickson: La Técnica, aplicaciones y comentarios sobre casos inéditos en español." Editorial Rigden Institut Gestalt., España, 2015. Páginas 384

83. El creador de la Sugestopedia, Dr. Georgi Lozanov, planteó que la sugestión está presente en todas las áreas de la vida, siendo un factor constante -consciente o inconsciente- en la comunicación. Según la teoría del Dr. Lozanov, todos los seres humanos estamos expuestos en todo momento a una compleja red de sugestiones, pero aunque la mente se fije de forma consciente en el objeto seleccionado por la atención en un momento dado, no por ello deja de percibir de forma periférica toda una serie de datos y circunstancias que rodean al objeto de su atención.

Ricardo de la Vega

Meditación.

La psicoterapeuta Marcela Infante es una especialista en Hipnosis Eriksoniana.[84] También puedes aprender cómo programar y desprogramar tu mente con la Dra. Teresa Robles[85], quien se sometió a una intervención quirúrgica sin anestesia gracias a la hipnosis.

El personaje **Hiiipnas Placebus** al apoyarse de otro personaje llamado **Cantalacaya** (visto en el libro **3 Sensus** de esta serie) puede lograr algo que aquí llamamos la MeditACCIÓN. San Juan de la Cruz invitaría a otro de nuestros personajes a **ESPERANZATI** (ver libro Sensus).
El Dr. Luis Jorge Gonzalez en su libro *"Oración Contemplativa"* [86] habla de varios tipos de meditación: la trascendental, la de yoga, la Vipasana de donde viene la práctica de atención plena de Mindfulness. La meditación del corazón donde respiramos enfocando nuestra mente en el corazón o en la zona cortical y respiro desde una emoción de amor y conecto con el amor; y la Meditación Cristiana[87], donde Jesús era el maestro de esta oración y San Juan de la Cruz dan idea clara de como hacerlo.

Jesús se iba a lugares apartados y con una postura para orar —por ejemplo en el huerto de los olivos—, poder tener una actitud receptiva, por ejemplo amando a Dios, recibir ese amor inmenso, dice el Dr. Luis Jorge Gonzalez, como quien se pone bronceador y se expone a los rayos del sol; repetir una frase como *"Jesús te amo"* permite que las nubes del sol no impidan que lleguen los rayos del amor divino. Tenemos que silenciar nuestro dialogo interior, no ser palabreros.

Usar el silencio, la imaginación y el amor para entrar en un acto de amor con Dios. Mi mente se enfoca en Dios y deja pasar los pensamientos que nos sacan de la presencia de Dios (o de la vida si la persona es atea o prefiere usar otra). Los pasos quedan resumidos en:

1. Lugar tranquilo.

2. Postura comoda *(relajar el cuerpo).*

3. La acción de meditar: todo un trabajo con la mente.
    · Imaginar: usar mis sentidos internos para pensar en Dios, visualizarlo.
    · Ponderar *(valorar el amor de Dios).*
    · Atención amorosa: abrirme en la oración, pues orar es amar.[88]

4. Dejar pasar los pensamientos *(puedo repetir una frase "Jesús te amo").*

5. Hacer un acto de esperanza o de agradecimiento con Dios. Pedir como pedía Jesús, pedir con esperanza, como si ya se me hubiese concedido el deseo del alma, salud, amor, etc.

84. www.reencuadre.com
85. http://hipnosis.com.mx/
86. Luis Jorge González, Oración Contemplativa, Edidiones Duruelo México,
87. J. Ratzinger, La meditación Cristiana. "Orationis Formae", Ciudad del Vaticano, libreria Editrice VAticana, 1989. Citado por El Dr Luis Jorge González.
88. Padre Rafael Checa. Dirección Espiritual Ciudad de México, 2010.

Molécula de la meditación

Por lo Tanto el Personaje *Hiiipnas placebus* trabaja al meditar en equipo formando una Molécula con otros personajes, con *Canta-lacalla* y con *Esperanzati*.

En la acción de meditar en un silencio interior y exterior, puedo entrar en un trance, modificar mis ondas cerebrales, integrar mis hemisferios, y activar una oración contemplativa, un acto de amor conmigo mismo, con los demás y una atención amoroso con Dios.

El Dr. Joe Dispenza plantea el efecto placebo que ejerce nuestra mente. Un alto poder de sugestionabilidad.

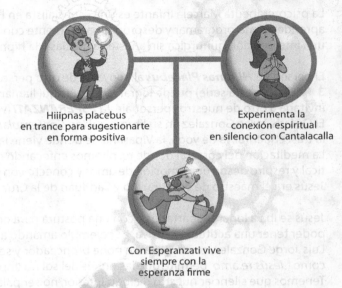

Hiiipnas placebus en trance para sugestionarte en forma positiva

Experimenta la conexión espiritual en silencio con Cantalacalla

Con Esperanzati vive siempre con la esperanza firme

Ejercicio

¿Podemos recibir una sobredosis con un medicamento placebo?
¿Cuál es la diferencia entre un Nocebo y un Placebo?
Lee los primeros capítulos del libro "El placebo eres tu: descubre el poder de tu mente" de Joe Dispenza. Editorial Urano, 2016 páginas 408.

7.15 Personaje HUMANI Sentipensare

¿Qué pasaría si tu corazón pensara y tu cerebro sintiera?
Te acercarías más a tu propia humanidad y la de los demás. Cómo lo hizo Jesucristo cuando se hizo hombre, humanizó su Divinidad, se puso en nuestros zapatos, no para rechazar lo que hay de humano en en nosotros, para mostrarnos un camino para aceptarnos, juzgarnos menos y poder sentipensar lo que hacemos y para qué lo hacemos.
La mayor parte de los problemas se deben a una combinación equivocada entre sentir y pensar.

Mauro Rodriguez Estrado[89] utilizó el término sentipensar (ya los Mayas tenían esta concepción) para referirse a la integración de la razón y el sentimiento, lograr trabajar con ambos hemisferios cerebrales. Mauro fue uno de los grandes hombres de la creatividad en México, sugería vivir en esta integración de nuestro ser. No hay motivo para que el sentir y el pensar se den de forma separada.

Los mayas integraban la razón y el sentimiento

Cuando sentimos lo que pensamos y pensamos lo que sentimos, tomamos mejores decisiones.

El Dr. Luis Jorge González al celebrar en Guadalajara los 25 años de dar en México sus Talleres de Desarrollo Humano y Plenitud Espiritual[90], En dicho encuentro comentó con base en los estudios de Iain GilMcChrist *"The Master and his Emissary"* que en las resonancias magnéticas practicadas al cerebro, existen fotografías de como el cerebro izquierdo está más desarrollado en la mayoría de las personas por usos y costumbres de la cultura actual (usar palabras, usar números, la lógica, hacer listas, secuencias, ver detalles).

Dejamos de lado las habilidades del Cerebro Derecho (donde usamos la fantasía, colores, sonidos, música, ritmo y movimiento, uso del espacio, visión global como la del personaje Mapin Ojósfero, somos creativos y artísticos, en el derecho están también los sentimientos). Este autor muestra los daños que nos ha causado a nivel humano estar constantemente usando el hemisferio izquierdo sin recurrir al hemisferio derecho.

*¿Te das cuenta de la trascendencia en tu vida del Personaje **HUMANI Sentipensare**?*

Para desarrollar tu sentipensar te invitamos a leer los libros de Daniel Goleman sobre Inteligencia Emocional. Puedes revisar el libro **BIO** del Sistema **BioSensusMind Possibilitas** donde damos algunas ideas sobre el tema.

Ejercicio Pon una mano en tu cabeza y otra en tu corazón, respira, nuevamente respira para ser como HUMANI Sentipensare.

¿Qué necesitas para vivir más integrado entre lo que piensas y lo que sientes?

_____

_____

¿Cómo está tu sentipensar?

_____

_____

_____

89. Mauro Rodriguez Estrada fue el fundador y primer presidente de la Asociación Mexicana de Creatividad (AMECREA). Es, sin duda, uno de los grandes exponente del estudio y difusión de la creatividad en México.

90. Dr. Luis Jorge Gonzalez, CESP, Guadalajara Jalisco, Encuentro para celebrar los 25 años de Talleres en México. Del 14 al 16 de agosto de 2015. Con sus conferencias y talleres ayuda al desarrollo integral de la persona a imagen de Jesucristo y con base en los tres pilares de los Carmelitas: Crear Comunidades Orantes, fraternas y misioneras. Una nueva molécula triaccciónica. El Dr. Luis Jorge ha publicado más de 70 libros y sus fondos ayudan a las misiones en México, África y otros países del mundo.

¿En que momentos necesitas pensar y te mueve la emoción?

_____

_____

¿En que situaciones necesitas sentir y te mueve la razón?

_____

_____

¿Cuál es el porcentaje que requieres en cada caso?

_____

_____

Describe brevemente el hecho o situación	Qué te gana la emoción o la razón?	Establece el % de SENTIR para llegar a un Sentipensar adecuado.	Establece el % de PENSAR para llegar a un Sentipensar adecuado.

La base de la inteligencia es poder conectar la amígdala con los lóbulos prefrontales y frontales que moderan nuestras picos emocionales, para poder pasar de la reacción a la elección.
Gran parte de nuestros problemas se dan por no saber combinar la dosis de sentir y pensar que cada situación requiere.

Jorgito visitaba por primera vez un museo; la maestra le dijo: *"Fíjate en la ficha informativa que cada pintura tiene junto, en un recuadro pequeño."*
Y Jorgito siguió al pie de la letra las instrucciones de la maestra: al visitar el museo y estar frente a cada pintura que llenaba cada pared de la sala, sólo paseó la mirada por las tarjetas informativas y las transcribía en su cuaderno.
Jorgito estaba en el pensar y no en el sentir la obra artística.

Al día siguiente, Roberta, la maestra de Jorgito, al ver que una alumna contestó su celular en clase, la miró en silencio, se acercó a su lugar, le arrebató el aparato y lo estrelló en el piso. A Roberta le ganó el pico emocional; de haber hecho una respiración profunda y consciente, podría haber incorporado el pensar y explorar otras alternativas para actuar. Sabiduría es qué dosis de sentir y pensar requiere este problema. Cuando tenemos que pensar, sentimos y cuando tenemos que sentir, pensamos.

A últimas fechas me han llegado comentarios sobre un tema que despierta polémica:
¿Existen neuronas en el corazón? ¿El corazón además de sentir piensa, recuerda y aprende?

La primera vez lo escuche en un Encuentro de Dinámicas de Grupo con el Facilitador de Creatividad Alberto Ricardo Escamilla[91], la segunda ocasión me platico sobre el tema Ana María Zepeda, facilitadora que promueve los Congresos de la Mujer, los Encuentros de Dinámicas de Grupo y es facilitadora de creatividad, ella dijo: *"Hay pruebas con los transplantes de corazón que muestran que la persona que recibe el nuevo corazón, recuerda cosas que vivió la otra persona, incluso puede cambiar sus predilecciones a la música, la comida y su forma de relacionarse. El Coach Omar Salom lo compartió con otros Coaches en una conferencia."* [92]

Me di a la tarea de investigar sobre la posible existencias de neuronas en el corazón, lo que viene a reforzar que somos personas como **Humani Sentipensare**. Y que dicho personaje necesita trabajar en equipo para tomar decisiones con el personaje **Yessí Maybe**: *¿Cómo tomas tus decisiones?*
¿Qué dosis de razón y emoción es la adecuada para tomar una decisión sabia?
Al respecto, me impactaron las palabras de Dulce María Granja en *"Conciencia Reflexiva":*

> *¿Cuál es la raíz del problema para seguir los dictados de nuestra voluntad?*
> *¿Cómo puede la voluntad hacer una ley y no otra? Dicho en palabras muy llanas.*
> *¿De cualquier dictado de mi voluntad puedo derivar una razón para obrar?*

La respuesta de Kant es rotunda: no cualquier dictado de la voluntad puede proporcionar razones para obrar y verse, entonces, constituido en ley de la voluntad. [93]

Andrew Armour, un investigador canadiense, demostró que el corazón posee un sistema nervioso complejo y sofisticado como si fuera un "pequeño cerebro". El cerebro del corazón es una red de diferentes clases de neuronas y neurotransmisores.

---

91. Encuentro Internacional de Dinamicas de Grupo. Noviembre de 2013.

92. Ana María Zepeda Conversación con Ricardo De la Vega Noviembre de 2014. Ciudad de México.

93. Dulce María Granja "Kant: Conciencia Reflexiva y proceso Humanizador". Conferencia 26 de abril del 2004 en en ITAM.

Este descubrimiento da la pauta para pensar que el cerebro puede actuar, aprender y recordar, de forma independiente al cerebro. Según Andrew Armour, el sistema del corazón esta dotado con 40,000 neuronas. Si el corazón funciona de forma independiente del cerebro y del sistema nervioso central esto es clave para que los trasplantes del corazón funcionen.[94]

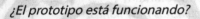

Ejercicio   Para que puedas aprender más del tema, quiero despertar tu curiosidad para que investigues más sobre tu Inteligencia Emocional.

¿Cómo le haces para pasar de la reacción en automático a una elección de tu respuesta? ¿Ante qué picos emocionales puedes perder el control de ti mism@? ¿Qué información existe en internet sobre las memorias del corazón de un donante al que lo recibe? Puedes buscar información sobre El Código del Corazón (Ed. Edaf), del Dr. Paul Pearsall[95]

7.16 InnovaWow

Es el personaje que representa tu mente creativa, una mente enfocada en crear arte, soluciones, ideas. Pasar de preocuparte a ocuparte **creativaMENTE**.

José Antonio Bustamante, autor del libro "El Valor de Innovar"[96] y facilitador de creatividad en toda América, nos compartió en el 20 *Encuentro Internacional de Dinámicas de Grupo*[97] que innovar es imaginar algo, diseñar la idea en el papel, escribir, dibujar, plasmar la idea *"visual thinking"*es un paso importante y después crear ese prototipo de forma material para confrontarlo con la realidad; luego, utilizar la mente para hacer un "stop reflexion" para conversar con el equipo o conmigo mismo:

¿El prototipo está funcionando?

¿Qué de lo que imaginé no funciona?

¿Qué necesito adaptar?

Hacer las adaptaciones y volver a confrontar con la realidad el prototipo hasta que funcione. Pasos siguientes es poder replicar el modelo que ya funciona.

---

94. Arthur Rowshan, "Piensa con el corazón: Historias inspiradoras para encontrar la paz interior." Editorial EDAF, S.L.U., marzo 2014 Madrid España.
95. Paul Pearsall, El Código del corazón, Editorial EDAF, Madrid 1998, paginas 350.
96. Bustamante, José Antonio, El Valor de Innovar: Cómo los líderes transforman ideas del futuro en ventajas del presente. Ediciones B Chile S.A. marzo 2013, pags 207.
97. Bustamante, José Antonio, Taller sobre el Valor de la Innovación en el 20 Encuentro Internacional de Dinámicas de Grupo, León, Guanajuato, México. Noviembre 2013.

"La creatividad es una actitud mental y una técnica de pensamiento."[100]

El personaje InnovaWOW es representado como un hombre foco en patines, ¿existe algo más frágil que una idea creativa? Igual que un foco se puede romper al caer al piso, una idea se puede evaporar como una nube si no la plasmamos de forma gráfica y la aterrizamos con nuestras acciones en un prototipo. Todo lo creado es creado dos veces:

1.-Primero en nuestra cabeza, con nuestra imaginación.

2.- Después al aterrizar la idea con nuestras acciones y plasmarla en la realidad.

He utilizado en mis talleres el concepto ***ImaginACCIÓN***: lo que significa que de poco sirve pensar algo si no lo llevamos a crearlo con nuestras acciones. Los conceptos ***InnovACCIÓN, MeditACCIÓN, AceptACCIÓN, RenovACCIÓN, RecordACCIÓN,*** etc no pueden registrarse en el *IMPI* pues el pequeño cambio de sumar una "C" a la palabra original, no es una diferenciación fónetica, ni visual y los abogados de marcas lo consideran un "capricho del lenguaje". Sin embargo el concepto ***InnovACCIÓN*** encierra una gran sabiduría: Lo sueño lo hago. Me muevo a la acción.

El Dr. Luis Jorge Gonzáles dice: *"No hay un chip mágico para cambiar el cerebro. El* **SER** *es un estado espiritual, psíquico y neurológico de disponibilidad o actitud para la acción, nace de la experiencia y ejerce un influyo rector y dinámico en todas nuestras reacciones ante las personas o hechos con los que entramos en relación. La acción es lo que va cambiando nuestro ser."*[101] El Consultor Moises Reznik dice: transforma tus acciones en hábitos ya que tus hábitos construyen tu futuro.[102]

Este libro **Mind** (Módulo 4 del **Sistema BioSensusMind Possibilitas**[MR], un sistema para possibilitar tu vida a través de generar hábitos para tu salud integral y poder vivir en balance de vida ofreciendo un servicio a los demás); **Mind** se refiere a tu herramienta mental: *¿La utilizas y la sueltas? ¿O la traes encendida todo el día consumiendo tu energía corporal, emocional y espiritual?*
Los procesos mentales como son percibir, recordar, imaginar, significar… surgen del sistema neurológico, se sustentan en el cerebro y en la comunicación de las neuronas.

¿Sabías que hay neuronas en tu cerebro, en tu corazón y en el sistema digestivo? un misterio que la neurociencia sigue investigando, la mente va más allá de ser un proceso psicofisiológico, *¿donde quedan los pensamientos en el cerebro de un cadáver?* De ahí que somos una unidad BioSensusMind ***cuerpo-espíritu-mente*** con un propósito trascendente. Este libro es un compañero possibilitador que te hace preguntas para que encuentres respuestas y desarrolles tus habilidades o competencias mentales representadas con personajes divertidos.

"Mudar costumbres es muerte."

Santa Teresa de Avila.

---

100. De Bono, Edward. El pensamiento lateral: manual de creatividad. Editorial Paidos, Barcelona España, 3marzo 1991. 320 páginas.

101. Dr. Luis Jorge Gonzalez, Encuentro Nacional de Promotores de los Talleres de Excelencia y Plenitud. Guadalajara 20015 "Año de Santa Teresa de Avila 500 aniversario" 14 al 16 agosto 2015.

102. Moises Reznik Taller en el ITAM Julio 2014 México. D.F.

¿Cuál es la anatomía del proceso creativo? [103]

1.- Preparar el Camino: (inmersión)

- Estar receptivo a cualquier información que pueda ser relevante para el proyecto.

- Trabajo activo de investigación para documentarnos sobre el tema que nos interesa.

- Utilización del Hemisferio Izquierdo, nuestra mente racional y lineal.

2.- La Incubación:

- Recurrimos a nuestro inconsciente creativo.

- La INTUICIÓN abre la biblioteca de nuestra parte sabia.

- Dejamos reposar las ideas sin la presión de nuestro cerebro racional.

- Hay que recordar que las ideas son como nubes o mariposas difíciles de atrapar, por eso necesitamos tener a la mano pluma y papel para atraparlas. [104]

- Soñamos despiertos, ya que el cerebro no duerme, dormita.

- La idea puede llegar mientras descansamos, nos damos un baño, practicamos algún deporte, estamos viendo una película, haciendo el amor o leyendo un libro.

3.- La Iluminación:

- *Es el momento del ¡Eureka! en el que aparece la gran idea.*

4.- Innovación:

Aplicar las ideas, ya que una idea creativa de poco sirve si se queda en nuestra cabeza y no la aterrizamos con nuestras acciones y la adaptamos a resolver un problema o satisfacer una necesidad humana. José Antonio Bustamante [105] nos invita a vivir el proceso de la innovación:

- *"Visual Thinking"*: se refiere a traducir el pensamiento creativo en ideas concretas de forma gráfica, de modo que el "golpe de vista" pueda comunicar de forma genial. En los equipos de trabajo innovadores, es un gran avance que puedan poner en papel sus ideas para pensar de forma visual.

103. Goleman, Daniel. Paul Kaufman, Michael Ray, "Espíritu Creativo" Editorial Zeta Bolsillo, 2009. 223 páginas.

104. Beatriz Valderrama "Creatividad Inteligente: guía para convertir ideas en innovación". Editorial Pearson Educación S.A. Madrid España 2013.

105. Jose Antonio Bustamante es psicólogo, Diplomado en Desarrollo Organizacional de la Universidad de Chile y Máster en Innovación de la Universidad Adolfo Ibáñez. Consultor y asesor de empresas en Chile y en otros países de América Latina. En los Encuentros Internacionales de Dinámicas de Grupo que organiza Grupo Deo, ha expuesto las ideas claves de sus libros de Innovación. Morelia Michoacan (2013) y Puebla, México (2014)

• Elabora un prototipo: Manos a la obra, pasar de la idea en la cabeza a crear un prototipo o modelo tangible y visible para el equipo de trabajo.

• Stop reflection: (Personal y con el equipo) *¿Qué ocurre con el prototipo al confrontarlo con la realidad? ¿Pasa la prueba? ¿Satisface nuestras necesidades? ¿En qué necesita ser mejorado? ¿Qué adaptaciones podemos hacerle?* De tal modo, que si tu idea es inventar una cera líquida para coches que los mantiene encerados durante una semana y al aplicar la cera blanca le da asco a los clientes por su consistencia. Necesitas reflexionar sobre lo que está pasando para hacer los cambios necesarios. *¿Qué color es el más adecuado para la cera líquida?*

• Adaptar el prototipo: La innovación consiste en pasar de la idea mental a soluciones creativas aterrizadas para cumplir con un objetivo.- Probarlo en la realidad nuevamente. *¿Como percibe el cliente la tonalidad azulosa de la cera líquida?* Jose Antonio Bustamante propone que las organizaciones vivan la innovación en toda su expresión y hagan ejercicio de visualizar *¿Cómo será nuestro producto o servicio dentro de 50 años?*

Hay varios enemigos de la creatividad y barreras que la bloquean:
Cuatro Barreras:

1. PSICOESCLEROSIS: Nos volvemos rígidos de pensamiento. La solución es recobrar nuestra flexibilidad mental para abrirnos a nuevas ideas..

2. La AUTOCENSURA: El juez en mi cabeza –que aquí hemos llamado **TiterECO**– me dice que es una idea estúpida y la tiro a la basura, por temor a que me perciban como un loco.
A esta mala costumbre de criticar las ideas cuando acaban de surgir también se le llama el Síndrome de Herodes.[106]

3. QUEDARME EN EL HEMISFERIO IZQUIERDO: Agoto mis recursos conscientes y empieza la ansiedad y diálogo interior. La solución es relajarme y dar el brinco al pensamiento no-lineal para salir de la caja.

4. SUPONER QUE LA CREATIVIDAD ES SOLO UN PROCESO INDIVIDUAL: La creatividad no es un proceso individualista, necesitamos aprender a trabajar en equipos creativos e innovadores.
La lucha por el protagonismo puede destruir una idea producto del esfuerzo colectivo.

---

106. Beatriz Valderrama "Creatividad Inteligente: guía para convertir ideas en innovación". Editorial Pearson Educación S.A. Madrid España 2013.

7.17 Los DiverCHIDOS:

Este personaje representa el tiempo de esparcimiento; la mente necesita un espacio para distraerse y generar aprendizajes divertidos cuando se ocupa en sus tiempos de ocio en hacer un hobby u otras actividades que aportan un reto para la mente, como jugar ajedrez, video juegos que implican habilidades mentales como el Tetris, por ejemplo.

Una de las 5 leyes de Bob Pike dice que el aprendizaje es directamente proporcional a la diversión. Aprendemos más cuando más nos divertimos, pues están de por medio las emociones.

Para seguir aprendiendo necesitamos de ese tiempo de esparcimiento que nos nutre la mente y el espíritu.

Los Aburris representan a esas personas que se aburren con facilidad (ver personajes en agujeros negros de este libro).

Personaje
Iman Gris

De los
aburris

A los
diverchidos

1   2   3   4   5

Ricardo de la Vega

¿Qué necesitas aprender de forma divertida? _____

_____

_____

¿Qué te aburre cuando aprendes?

_____

_____

El psicólogo Peter Suedfeld, profesor emérito de la Universidad de Columbia Británica, considera que un reto para la NASA es el aburrimiento de los astronautas[107]. *¿Qué hacer en sus ocho meses de ida y en sus ocho meses de regreso a la Tierra?* Las personas bajo un aburrimiento extremo por falta de estímulos tienden a tener comportamientos erráticos.

Ejercicio

Muévete a ser un **DiverCHIDO**, Imagina que se va la luz en una cabaña donde vas a pasar una semana de vacaciones; la luz no regresa, no hay internet, tu teléfono móvil se quedó sin batería y estás solo sin poder salir por la lluvia. No traes libros y no puedes escuchar tu música favorita, ni platicar con nadie. *¿En qué ocuparías tu tiempo? ¿Qué haces con tu mente?* El aburrimiento te puede llevar a comer, a dormir... *¿Qué comportamiento tendrías en dicha semana?*

Día	Emoción presente en ti	Acción
Primer día		
Segundo día		
Tercer día		
Cuarto día		
Quinto día		
Sexto día		
Sétimo día		

107. Miguel Regueira en Ciencia el 28/07/2013 El aburrimiento extremo, otro reto al que se enfrenta la NASA en un futuro viaje a Marte.   http://www.aztecanoticias.com.mx/notas/tecnologia/161406/morir-de-aburrimiento-riesgo-de-astronautas-en-marte

7.18 Yessi Maybe

Este personaje es la capacidad de la mente para tomar decisiones al integrarse en la escucha de tu brújula **1BSM**.

¿Cuál es esta brújula? La Brújula 1 representa que te abras a escuchar tu cuerpo, tu espíritu y tu mente para tomar decisiones integrales.

¿Cómo aprendemos a tomar decisiones o a posponerlas? El personaje **Yessi Maybe** tiene un entrenamiento para discernir.
Es como pedirle al Espíritu Santo que nos brinde el Don de Discernimiento.

En una escala del 0 al 5 yo Ricardo de la Vega estoy en un nivel 4 para tomar decisiones cuando se refiere a temas donde no se involucra la empatía.
En el momento en que necesito tomar una decisión que puede afectar a terceros, como despedir a un empleado por robo o faltar al código de ética de la organización, me gana la emoción y caigo en la simpatía, me vuelvo una especie de *"Robin Hood"* que pierde perspectiva.

Este fue el motivo por el cuál un Director de Recursos humanos no me dio un puesto Directivo en una empresa, me dijo: *"Ricardo, la empatía es en ti una fortaleza, sin embargo, al momento de tomar decisiones a favor de la empresa, puedes ponerte en los zapatos de un empleado e involucrarte con su problemática personal, que te lleva a protegerlo en lugar de despedirlo".*

Tomar decisiones sabias es un arte, existe un miedo a elegir y a equivocarnos. La indecisión nos desgasta y aniquila a las personas que nos rodean pues oscilamos como péndulos entre una cosa y otra, entre ir al cine o ir al teatro, entre viajar a la playa o a las montañas, o entre elegir a una pareja u otra.

Las personas se responsabilizan de las elecciones fáciles, por ejemplo, comer un helado de chocolate o de vainilla. Pero cuando se trata de las elecciones más importantes de nuestra vida, donde hay confusión emocional y un desconocimiento de nuestras necesidades más profundas, parecemos una palmera oscilante ante el viento, ante temas existenciales como son: elegir pareja, la carrera profesional o un cambio de país, las personas pueden ceder el asumir la propia responsabilidad a los amigos, a la familia, al horóscopo, a los videntes, al pastor, a las circunstancias.

"La base de la persona son sus decisiones, sus determinaciones, lo que hace con su vida al escoger camino día a día, al rechazar alternativas y marcar ruta. Escoger es vivir, y decidirse es definirse. Yo soy, en definitiva, lo que mis decisiones son, y por eso quiero saber en detalle cuáles son y cómo las hago; quiero saber si mis decisiones son realmente mías..." [108]

Elegir va más allá de un pensamiento blanco y negro, bueno y malo, dulce y salado, frió o caliente. Elegir significa discernir entre dos alternativas buenas, cuál es la mejor; y entres dos males, cual genera menos daño a tu persona y al bien común.

El problema con tomar decisiones es el llamado "dead line", ya que la mente o las circunstancias establecen una fecha límite para elegir:

¿Cuál es el último día para _____ *?*

¿Cómo estableces esas fechas límites? _____

En tu toma de decisiones, ser empático puede actuar en tu contra si se combina con la falta de asertividad, la necesidad de complacer para ser aceptado, sumado a que existen personas que son más influenciables al punto de vista de otros sobre sus alternativas a elegir.

> **"Si no tienes objetivos propios,
> te puedes convertir en la meta de alguien más."**

La Logoterapia nos invita a descubrir las posibilidades de sentido que nos brinda la vida. Pasar de la carencia a la abundancia, de un paradigma de pirámide a la metáfora de un abanico de opciones.[109]

Nuestra mente nos juega una trampa, nuestras obsesiones pueden filtrar como unos lentes de un ciego las alternativas que existen, el color de la vida se vuelve bicolor, nos entrampamos en los llamados dilemas, como si solo existieran dos opciones: elijo ser médico o abogado, elijo entre contratar a Pedro o Alejandra. Por ejemplo, al llegar al cine después del tráfico, el sentido de urgencia es engañoso y al escoger de la cartelera entre la película A o la B, compras los boletos de un opción que no es de tu interés; olvidamos que entre dos puntos hay una infinidad de puntos.

Toda decisión trae dentro de sí el tic tac de un reloj que nos presiona: *"Si dejas pasar el tiempo puedes dejar pasar la vida"*; este mecanismo de relojería[110] dentro de cada decisión es un cronómetro que genera mucha ansiedad.

108. Carlos G. Valles, SJ. "Saber Escoger: El arte del discernimiento." Editorial Sal Terrae, Impreso en España, 1986, página 11.

109. Arce, Conchita. Diplomado en Logoterapia, Instituto Especializado en Logoterapia S.C. Enero 2015, México. D.F.

110. Valles, Carlos G. SJ. "Saber Escoger: El arte del discernimiento" Editorial Sal Terrae, Impreso en España, 1986.

Por ejemplo, hay un reloj biológico para poder tener hijos propios; también hay un momento oportuno para cerrar una venta: Si me anticipo a buscar el cierre, el cliente puede huir al sentirse presionado, pero si no capto los indicios de compra la persona puede comprar el producto con la competencia.

Por otra parte, no por meter al horno de microondas un mango va a salir maduro; hay decisiones como casarse, separarse, vivir la muerte de un familiar que implican un proceso, no podemos violar el ritmo de las estaciones del año, es como insultar al invierno por no darnos flores y días soleados. Del mismo modo que podemos comprar por impulso, nos comportarnos como personas sedientas de amor y elegimos de forma precipitada a nuestra pareja, acortando el proceso de conocimiento mutuo que es el noviazgo. La base de cualquier relación humana es el respeto.

En la codependencia, confundimos al otro con un tanque de oxígeno y olvidamos los limites entre tu y yo. El primero que tiene que respirar con el tanque de oxígeno eres tu, el amar a Dios y a ti mismo es en un bosque que nos da el respiro para amar a los demás y no verlos como un tanque de oxígeno.[111]

Ejercicio

Para salir de los Dilemas. Respira y escoge un dilema en el que te encuentras entrampado. La PNL como la Logoterapia te invitan a que abras tu abanico de posibilidades y pases del pensamiento blanco o negro a ver un arcoíris de opciones.

Dentro del lapiz bicolor escribe las dos opciones en las que te encuentras ansioso. Respira y ahora date cuenta que existen más opciones que no estás viendo; escribe las diferentes alternativas dentro del arcoiris, una opción nueva en cada color.

Activar está capacidad de tomar decisiones como el Personaje *Yessi Maybe* es escencial para cualquier persona. Y combinar la habilidad de *Yessi Maybe* con el personaje *Humani Sentipensare*. Observa en la siguiente fábula, en que nivel del 0 al 5 se encuentra la habilidad para tomar decisiones:

---

111. Reflexión con la Coach Cecilia Hernández, Octubre de 2014 , México, D.F.

Ricardo de la Vega

Anécdota

Caminaba un hombre perdido en el bosque, angustiado por no saber tomar decisiones en su vida, desde elegir un sabor de helado o decidir que ropa ponerse cada mañana lo estresaba. Al pasar por quinta vez por el árbol de las flores amarillas -pues sin darse cuenta, llevaba toda la tarde dando vueltas en círculo-, un felino se compadeció y le preguntó:

–"¿A dónde vas?"

–"No lo sé, estoy buscando por aquí una tiendita para comprar".

–"¿Una tiendita en pleno bosque? ¿Qué necesitas comprar?"

–"¿Has visto cerca alguna farmacia? Necesito comprar píldoras para poder tomar decisiones".

–"La píldoras para poder tomar decisiones, son gratis", le contestó el felino con una sonrisa en sus grandes ojos amarillos.

–"¿Y dónde las puedo encontrar?"

–"Están en tí, búscalas en tu interior".

–"¡Dame más pistas!", replicó el hombre mordiéndose las uñas.

–"Dentro de ti, hay una ruta que conduce a tu cerebro, ahí existen unas píldoras azules; también en ti hay un laberinto que conduce a tu corazón, en el centro encontrarás píldoras amarillas", y el gatito reposó su cabeza en una rama para dormirse.

–"No te duermas, ¿Qué camino debo tomar? Recuerda que aún no tengo mis píldoras para tomar decisiones".

–"El camino más sabio es el que conduce a las píldoras verdes que integran el sentir con el pensar".

–"¿Y cómo llegó a ese lugar?" -preguntó el hombre intrigado y se rascó la cabeza.

–"¿Cómo puedes escuchar certezas en tu interior?" -y dicho eso el felino se durmió.

Lo mejor de las preguntas es que no conocemos las respuestas...

7.19 TANTÁN PregunTÓN

Este personaje representa la curiosidad y la inocencia natural de los niños que hacen preguntas.
Está comprobado que las preguntas de Coaching
cambian la química cerebral.[112] Los niños tienen
una tendencia a realizar estas preguntas, el triple
por qué:

¿Por qué los aviones vuelan si son tan pesados?
¿Cómo nacen los bebés? ¿A dónde se van los que
mueren? ¿Por qué fumas, papá, si tu eres médico?

Preguntas de Anthony Robbins en el libro *"Poder sin Límites"* [113]

*¿Por qué unos superan adversidades tremendas, inconcebibles, y convierten sus vidas en un triunfo,
mientras otros, pese a contar con todas las ventajas, las convierten en un desastre?*

_____

_____

*¿Cómo consiguen algunas personas que todas las experiencias repercutan en su favor, mientras para
otras cualquier experiencia actúa en contra de ellas?*

_____

_____

*"El tipo de comportamiento que las personas producen es consecuencia del estado en que se hallan;
lo que hagan concretamente partiendo de dicho estado depende de sus modelos del mundo."* [114]
José Merino[115] dice: *"La calidad de tus resultados está influenciada por la calidad de tus emociones, ya
que la emoción es un marco para la acción".*

Si las preguntas cambian tu química cerebral y cambian tus estados emocionales, al levantarte de la
cama y mirarte en el espejo puedes recordar tus preguntas: *¿Qué carita traes? ¿Me rechazarán hoy en
mi entrevista de trabajo? ¿De qué estoy agradecido esta mañana? ¿Cómo puedo generar más clientes? ¿Cuál es el sueño que quiero concretar en este día?*

Tus pensamientos condicionan tus resultados.

_____

112. Tejera Mathieu, José A. (Neurólogo) Conferencia: Psico neuro fisiología del Coaching. Efecto del Coaching en Mente-Cerebro-Cuerpo. 20° Encuentro
Internacional de Dinámicas de Grupo, 1 de diciembre de 2013, León, Guanajuato.
113. Robbins, Anthony. Poder sin Límites, Editorial DEBOLSILLO, 2010.
114. Robbins, Anthony. Ibidem.
115. José Merino, Psicoterapeuta, Capacitador y Coach, Director de Reencuadre, S.C. Ciudad de México. 2007.

Ricardo de la Vega

Ejercicio

¿Qué preguntas te haces al levantarte y mirarte al espejo? Anota las preguntas que acostumbras hacer a tus clientes, amigos, familiares y a ti mismo. Descubre ¿Cuál es tu patrón al preguntar?

_____

_____

Necesitas entrenarte en tu capacidad para hacer preguntas como el personaje **TANTÁN PregunTÓN**, *ya que si cambias tu forma de hacer preguntas podrás cambiar con ello tus resultados. La sección al final de este libro "Si quieres respuestas, hazte preguntas" a eso se refiere.*

Anécdota

Me viene a la mente una maestro de la secundaria que nos hizo un examen que fue como un puñetazo en el estómago para algunos compañeros. La hoja que entregó estaba en blanco, no dictó ninguna pregunta sino que nos dijo que el examen consistía en anotar, solo anotar sin dar una respuesta, diez preguntas poderosas con base en lo que aprendimos en el semestre, convencido de que quienes han generado aprendizajes significativos pueden elaborar preguntas que revelan sus aprendizajes.

Las preguntas que te haces son tu camino a tu libertad, tu plenitud y tu prosperidad económica. Te sugiero que puedas leer la anécdota de un hombre que logró escapar de un campo de concentración en Auschwitz por su capacidad de hacer preguntas diferentes, en el libro *"Despertando al gigante interior."* [116]

Cuando preguntaba: *¿Cómo podemos escapar de este lugar tan horrible?* Sus compañeros daban respuestas pesimistas: *"Es estúpido pensar que puedes salir de este lugar".* Cuando Stanislav Lec cambió sus preguntas, cambió sus resultados: *¿Quiénes han logrado salir de aquí?*

Agudizó sus sentidos y captó detalles antes imperceptibles y se atrevió a realizar preguntas no exploradas. Se preguntó: *«¿Cómo puedo utilizar esto para escapar?»* Y obtuvo instantáneamente la respuesta, solo muerto se podía escapar de un campo de concentración. [117]

Ejercicio

Busca la historia de este hombre que logra escapar del encierro con el poder de sus preguntas y reflexiona si en este momento tú estás atrapado en alguna creencia tóxica que te impide seguir avanzando en la vida.
Pueden ser creencias sobre el dinero, el trabajo, tu persona, la familia, Dios, tus planes a futuro, sobre tus relaciones. *¿Existe algún campo de concentración al que tú mismo te destinas? ¿Qué preguntas harías en forma diferente?*

_____

116. Robbins, Anthony. Despertando al gigante Interior, Editorial Grijalbo Mondadori, Estados Unidos, 2007

117. Robbins, Anthony, Ibidem.

En el espacio que sigue a continuación, anota tu reflexión y tus preguntas:

T-COACHinga

Este personaje lleva a un extremo nocivo su capacidad para hacer preguntas, se comporta como un policía judicial que hace preguntas tipo FBI.
*(Para saber más de este personaje, buscar información en los Personajes de **agujeros negros** de este libro).*

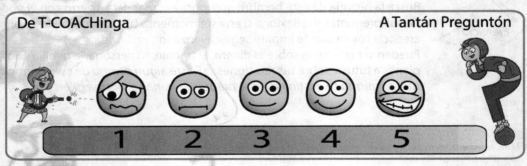

De T-COACHinga   A Tantán Preguntón

1   2   3   4   5

Ricardo de la Vega

La Gestalt plantea varios principios sobre nuestra percepción y cómo funciona nuestra mente.

¿Qué ves en la siguiente imagen?

¿Dijiste un círculo?

Lo que existe son líneas punteadas con forma curva. La percepción y la mente hacen lo que se conoce como un cierre gestalt para percibir una totalidad. Si este ejemplo lo llevamos a nuestra vida diaria, cuando percibimos, la mente tiene la tendencia a llenar los vacíos de información con sus propios datos. En una conversación, lo que no dice el otro lo terminamos por completar nosotros mismos.

En algunas ocasiones la mente nos sorprende y por un proceso intuitivo, lo que imaginamos puede coincidir. Cuando escucho a otra persona, *¿con qué quiero llenar los vacíos de información, con mis suposiciones o con la información que la misma persona me proporciona?*

Si la mente se mueve a imaginar puede inventar muchas historias y actuar en función de lo que cree, no de lo que realmente le pasa al otro.

Aprender a escuchar y aprender a preguntar nos permite reeducar a nuestra mente que tiene la tendencia a dar crédito al **TiterECO** "cuenta-cuentos."

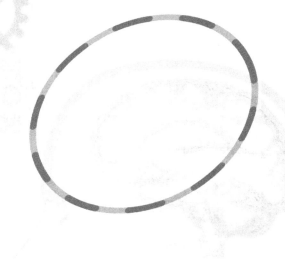

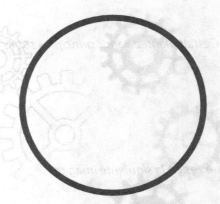

Llenar los vacíos de información con datos verifica-
dos por medio de tus preguntas.

¿Qué haces con tu mente para escuchar mejor?

Ejercicio

Aprende a elaborar preguntas abiertas para indagar información y preguntas
cerradas para verificar información. Las preguntas abiertas: permiten respuestas abiertas, sirven para explorar e indagar información:

Objetivos y valores: *¿Qué quieres lograr?*
                                       ¿Qué le da sentido a tu vida?

Formas de lograrlo: *¿Cómo piensas alcanzar tu sueño?*

Plazo de Tiempo: *¿Cuando lo ves concretado?*

Lugares, entorno: *¿Donde te gustaría vivir?*

Personas, roles, relaciones: *¿Quienes van a formar parte de tu equipo?*

Intención, meta-objetivo: *¿Para qué realmente lo quieres hacer?*

Creencias   *¿Porqué alcanzar este sueño y no otro?*

Las preguntas cerradas: Sirven para confirmar una información, para verificar una interpretación, para
precisar el lenguaje, para la toma de decisiones, para cerrar una venta, para mover a la acción.
Ejemplo de preguntas cerradas:

¿Tiene ya listo nuestro pedido?

¿Puede enviarme su catálogo?

¿Quiere empezar a respirar aire limpio?

¿Es la película apta para menores de edad?

¿Lo que estás pensando es….?

Ricardo de la Vega

Elabora tus propias preguntas abiertas y cerradas para completar y verificar la información.
¿Qué preguntas le harías a esa persona con la que surgen malos entendidos?

Preguntas Cerradas	Preguntas abiertas

Ejercicio

Las Criptoguntas. *¿Cuál es tu velocidad para resolver acertijos?*
A continuación encontrarás una serie de preguntas encriptadas en un código numérico.
Te pido que con un cronómetro midas el tiempo que tardas en descifrar las tres preguntas y en contestarlas.

¿20 24 10 6 16   5 6 22 3 24 2 21 10 18   1 15 3 21 10 3 1 ?

Anota la pregunta en letras _____

Respuesta _____

¿ 20 24 6   22 10 8 16 10 7 10 3 1   19 16 13?

Anota la pregunta en letras _____

Respuesta _____

¿ 20 24 6   21 10 18 19 1 22 1   19 18 21   7 13 18 21 6 16 3 10 1 ?

Anota la pregunta en letras _____

Respuesta _____

¡Ya sabes el código!

¿ 3 24 1 l   6 22   6 13   3 18 5 10 8 18 ?

Anota la pregunta en letras _____

El código es:

A=   B=   C=   D=   E=

Ricardo de la Vega

7.20 LOS INFINIWISHES

Estos personajes conectan con pensamientos positivos sobre sí mismos y los demás, desean el bien para su persona, para su familia, amigos, vecinos, para los que trabajan con él, desea un mundo mejor, bendice en lugar de maldecir.

Como dice el Dr. Luis Jorge González, tiene deseos infinitos.[118] El pensamiento, la intención y los deseos son una energía poderosa para construir o destruir. Los InfiniWishes proyectan su intención de abrir posibilidades en lugar de cerrarlas. Su corazón vibra en emociones como la esperanza, el amor, la tranquilidad, el entusiasmo y desde esas emociones vibra su pensamiento constructivo.

Ejemplo:
"Deseo que tu día esté lleno de oportunidades". "Te deseo una vida llena de salud, amor, creatividad..."

Tus pensamientos y deseos pueden ser como el canto de unos pájaros al amanecer. Tus palabras pueden ser una lámpara respetuosa que no señala una dirección a seguir, simplemente ilumina las posibles rutas en el camino y se alinea con la libertad humana y la voluntad de Dios.
Cuando una persona lleva cuatro meses sin encontrar trabajo.

Los INFINIWHISHES aparecen con comentarios positivos: *"Ten esperanza, en poco tiempo te veo trabajando en algo que disfrutas".*

TOXI Pedorrín Nocebus: Este personaje representa los pensamientos, intenciones y deseos tóxicos. Es un Focussingo Black que se enfoca en emociones como la envidia, la ira, la depresión, la venganza, la apatía. *(Para saber más de este personaje, buscar información en los personajes agujeros negros de este libro).*

*¿Cómo vas por la vida: como **los InfiniWishes** o como **TOXI Pedorrín Nocebus**?*

_____

_____

---

118. Dr. Luis Jorge Gonzalez., Deseos Infinitos: Poder Secreto de tu Esperanza. 178 páginas. www.luisjorgegonzalez.org.mx

¿Bendices o maldices a los demás?

_____

_____

¿Cómo contribuyes al libre albedrío de los demás?

_____

_____

De Toxi-Pedorrín   A Infiniwhishes

1   2   3   4   5

7.21 Navigón Timón

Representa a las personas autodirigidas
¿Qué es una persona autodirigida? Son las personas que se saben arquitectos de su propio destino, que pueden cambiar el rumbo de su vida con sus acciones, que pasan de víctimas en donde todo está determinado por las circunstancias, a ser una persona proactiva que se atreve a tomar la iniciativa, no espera a que le digan qué hacer.

Con algunos estudios psicométricos[119] se mide qué tan autodirigida es una persona, ya que es una habilidad importante para la contratación de personal en una empresa o para iniciar por ejemplo un proceso de Coaching:
Si la persona no asume la propia responsabilidad de sus acciones, va a llegar a la sesión de Coaching como quien acude con un consejero o un tutor a tomar dictado textual de los pasos a seguir para lograr sus metas.

119. Las psicólogas Gabriela Bravo y Christina Arellano mencionan que los estudios psicométricos de la empresa SelfManagement Group, de las que ellas tienen la representación en México, miden qué tan autodirigidas son las personas, lo que refleja el grado de control del futuro que cada persona cree tener por medio de sus acciones.

El personaje **Navigón Timón** toma el timón de su vida, asume la responsabilidad de su propia existencia. Por ejemplo, *¿Qué tan autodirigido eres para llegar puntual a tus citas?*

_____

_____

El Personaje **Navigón Timón** conecta con la brújula BSM que hay en su interior, escucha sus sensaciones corporales, escucha su mente, escucha su espíritu, establece prioridades con base en su misión personal, cuando extravia la propia brújula puede conectar con esa Brújula maestra que es el GPS de Dios (llámalo el Espíritu Santo o la estrella de Belén que guió a los reyes magos). El personaje **Navigón Timón** también tiene la humildad de abrirse a la retroalimentación de los demás, para corregir su ruta como lo hacen los aviones que confían en la información del tablero de control.

En ocasiones cuando estamos muy vulnerables, por la muerte de un familiar, un fracaso en el amor o en el trabajo, podemos perder la brújula interior y ceder el timón de nuestro barco a desconocidos. Pasamos de tener objetivos propios a convertirnos en el objetivo de alguien más, somos sin darnos cuenta un instrumento a su servicio para lograr sus propias metas.

Desde el modelo del *Liderazgo Situacional,*[120] un líder requiere adaptar su estilo de acompañar a sus colaboradores con base en las necesidades de los mismos, de ahí nacen 4 estilos de acompañar: *E1 Dirigir, E2 Entrenar, E3 Apoyar y E4 Delegar.* Una persona que acaba de ingresar a una empresa tiene un nivel de madurez *M1* y necesita un estilo *E1*; por otra parte las personas que alcanzan una madurez laboral están en un nivel *M4* y necesitan un estilo *E4* donde el líder confíe en ellos y les delega.

El personaje **Navigón Timón** ha logrado un nivel de madurez y es una persona empoderada que sabe auto gestionarse.

¿Cuál es tu nivel de madurez en tu actual puesto de trabajo?

¿Qué estilo de liderazgo requieres?

¿ Quienes son brújulas que te guían en el camino?

¿Quienes pueden ser descarriladores de tu proyecto de vida y de tus objetivos?

¿ Con que frecuencia escuchas la brújula BSM que está en tu interior?

¿Cómo puedes entrenarte a ser autodirigido y asumir tu propia existencia?

---

120. Ken Blanchard, Spencer Johnson,. El Líder ejecutivo al minuto: cómo aumentar la eficacia por medio del Liderazgo Situacional. Edición DEBOLSILLO, 192 páginas, 2010

Cristina Mejías[121], quien ha sido consultora en recursos humanos y Head Hunter, nos lleva a la reflexión con la pregunta: *¿Eres de los que flotan o de los que navegan?* Ante los cambios (un hecho externo que ocurre, por ejemplo, me despiden del trabajo) vivo una transición (es el proceso mental para adaptarme a la nueva situación).

Una persona tras un despido laboral puede tirarse en un sillón a ver televisión, subir de peso y cederle a otros el timón de su vida o puede aprender de la experiencia y buscar un nuevo trabajo.

Los que flotan por la vida, niegan la realidad, se resisten al cambio, sus emociones las provocan otros, no son responsables de sus pensamientos, no buscan alternativas de solución, esperan que la vida decida por ellos; las personas que navegan, aceptan los cambios y viven la transición de la mejor manera, aprenden de sus errores, confían en si mismos, se atreven a nuevos desafíos, buscan los recursos necesarios para cambiar su destino.

Ejercicio

Te invito a ser una persona autodirigida que toma el timón de su vida como ***Navigón Timón***:

Piensa en un problema personal,
haz un listado de alternativas de solución
¿Cuáles dependen de ti?
¿Cuáles son un solución extrena?

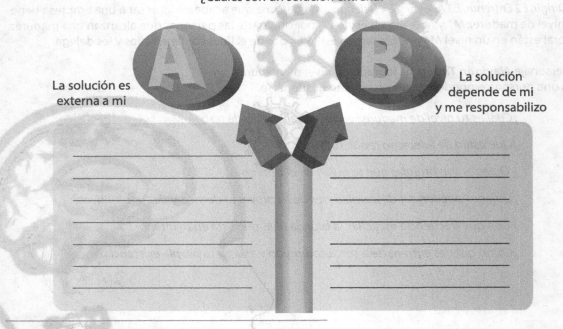

La solución es externa a mi

La solución depende de mi y me responsabilizo

---

121. Mejías, Cristina. "Cambio y vida laboral: guía para navegarlos", Editorial Granica, 2009. Buenos Aires.

Ricardo de la Vega

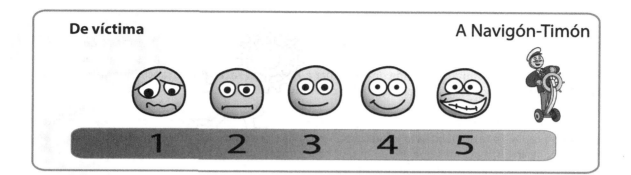

De víctima

A Navigón-Timón

1 2 3 4 5

7.22 Drimerín Jetita

Este personaje representa tu capacidad mental para poder dormirte y tener un sueño reparador. Incluso, poder descansar en una siesta.

Son recomendadas 7 horas para dormir diariamente. Por ello el personaje **Drimerín Jetita** es una pila recargable que necesita tomar un descanso para "cargar pilas" como dice la expresión popular.

¿Con que frecuencia escuchas tu cuerpo para detectar tu nivel de cansancio?

¿Cuántas horas duermes al día?

¿Qué tan reparador es tu sueño?

¿Qué es lo mínimo que tiene que pasar durante el día para perder el sueño?

¿Recuerdas lo que sueñas?

¿Sabes lo que es el Movimiento ocular Rápido?

Ejercicio

Haz una breve investigación sobre *¿Cómo lograr optimizar tu capacidad para poder dormir?* Te doy un ejemplo, tensar y soltar los músculos ayuda, la respiración 4-7-8 sirve de gran apoyo.

En este libro hemos mencionado 22 habilidades de tu mente, pueden existir muchas más y personajes que las representen. Las diferentes habilidades de nuestra mente pueden combinarse. Por ejemplo, imagina el resultado positivo en tu vida de combinar a **Hiiipnas Placebus** (el trance hipnótico) con **Los InfiniWishes** (el poder de desear escenarios óptimos en tu vida).

El resultado es la visualización positiva. El psicólogo Albert Ellis la incorporó en los años 80´s con éxito en la psicoterapia. En la actualidad la visualización positiva sirve para los entrenamientos deportivos: Se sabe por las investigaciones que imaginar que haces encestadas de balón cesto con la mente genera tan buenos resultados como el entrenamiento real.

El futbolista del Manchester United –Wayne Rooney– utiliza la visualización positiva para meter goles, se imagina la noche previa al partido con el color de uniforme que va a llevar, crea una imagen poderosa de futuro y lo que tiene que hacer su mente es recordar los goles y moverse a la acción.
El corredor de doscientos metros Michael Johnson, el golfista Tiger Woods, son otros deportistas que se benefician de dicha técnica. Cada persona la puede utilizar para disfrutar su día a día.[122]

Visualizar en trance como (**Hiiipnas Placebus**) genera una vibración emocional que puede llevarnos a cambiar nuestras creencias tóxicas por creencias funcionales que deseamos instalar en nuestra mente, ya que la visualización genera surcos en el cerebro como si fueran arroyuelos por donde circula el agua.

Hiiipnas Placebus (el estado de trance) cuando se combina con **InovaWow** (la creatividad), es un estado ideal para crear, ya que las ondas cerebrales alfa nos conectan con nuestra mente inconsciente para que pueda fluir nuestro inconsciente creativo, como un niño que juega a pintar con las manos y los pies llenos de pintura; nos da libertad para la generación de nuevas ideas.

Mi objetivo al crear personajes con las habilidades mentales es facilitarte su comprensión. Ahora puedes descubrir cómo te encuentras en el desarrollo de cada una de tus competencias y cuales quieres llevar al siguiente nivel de desarrollo en una escala de 0 (no tengo dicha habilidad) a 5 (tengo totalmente desarrollada esa competencia).

De estas 22 habilidades o competencias de tu mente, necesitas descubrir cuáles son talentos naturales en ti y puede fluir con entusiasmo cuando los realizas; y cuales son capacidades que puedes desarrollar. No perder de vista que cuando elijas un trabajo necesita estar alineado con tu misión personal, que cuentes con talentos naturales para desarrollarlo, que puedes incluir alguna habilidad adaptada y que no te estreses al realizarla (hablaremos con más detalle de este tema en el libro 5 de esta Serie "**Misión Personal**").

Y recuerda, **EnfocARTE**: es el arte de poner el foco y Dar prioridad a lo importante, enfocarte es un arte; cuando tienes la mente clara, el cuerpo relajado y el espíritu vibrando en la emoción adecuada, puedes hacer buenas elecciones y vivir el acto de estar vivo.

---

122. Santandreu, Rafael "Los lentes de la felicidad: descubre tu fortaleza emocional." Editorial Grijalbo. México, Noviembre de 2014.

Ricardo de la Vega

Necesitamos aprender a utilizar nuestra herramienta mental; antes en la escuela se premiaba y califica-ba la habilidad de memorizar muchos datos, los exámenes se basaban en que el alumno pudiera repli-car de memoria las palabras del maestro o de un libro. Aquí hay que precisar que la mente es diferente a una biblioteca o las datos que podemos buscar en segundo en internet.

¿Cómo información que nos llega se transforma en conocimiento?
¿En que momento una experiencia se traduce en aprendizaje?

Nivel 1: Información. La información que nos llega puede estimularnos o no. Llega a nuestro cerebro consciente e inconsciente y operan filtros en esos dos niveles. Si la información no se asocia con algo a nivel neuronal, se pierde; si no trae una carga emocional, como llega se va.

Nivel 2: Conocimiento. La información es adquirida por la persona y pertenece al repertorio de su "saber". Los esquimales por su experiencia pueden hacer distinciones entre diferentes tipos de color blanco; los habitantes de la selva pueden distinguir diferentes tonalidades de verde. Hay un conoci-miento adquirido a nivel de su mente.

Nivel 3: Accionamiento. Se refiere al conocimiento (saber) que permite a la persona dar un paso a la acción. El conocimiento se transforma en conducta de vida. En este nivel, además de hacer distincio-nes y tener categorías mentales para clasificar la información, aplico lo que sé, ya sea en mi vida o en mi trabajo. Por ejemplo, para un esquimal cierta tonalidad de blanco puede significar hielo sobre el que *NO* hay que caminar, pues se puede romper y dicho conocimiento transforma su conducta. Para el habitante de la selva, un tipo de planta puede ser una medicina en caso de dolor estomacal.

Nivel 4: ServiAKtos. El SER humano se realiza en las relaciones con otras personas; cuando mis accio-namientos los pongo al servicio de los demás, cada una de mis acciones genera trascendencia. El esquimal o el hombre de la selva pueden ayudar a la comunidad con lo que saben (conocimiento) y con lo que saben hacer (accionamientos), pasando a dar un *SERVICIO*; por ejemplo, pueden enseñar o pueden salvar una vida al impedir que una persona del grupo camine en hielo frágil, o que un niño se coma una planta que es venenosa.

¿Qué haces con la información que llega a ti: se queda en simple información que bien puedes ob-tener en cualquier momento al consultar un libro o en Internet, o das el paso al siguiente nivel hasta llegar a tener actos de servicio con las personas que te rodean?

En el libro siguiente de esta serie *"Misión Personal"* profundizaremos sobre cómo encontrar la pleni-tud al descubrir los verbos claves de tu vida.

El *Benchmarking Model* desarrollado por *Michael Hall* nos sirve para medir habilidades blandas que se vuelven invisibles como por ejemplo, tu capacidad de escucha, de enfocarte en una cosa, tu flexibili-dad mental para aceptar otros puntos de vista. En el siguiente recuadro averigua cuales son tus Cinco fortalezas de tu mente y cual puede ser un descarrilador[123], es decir una debilidad que si no la atiendes puede ser como un riel averiado que puede sacar tu tren del camino.

123. Eduardo Moret, conversación con Ricardo de la Vega sobre Fortalezas y debilidades, México, D.F. Agosto de 2015.

PERSONAJE	HABILIDAD O COMPETENCIA MENTAL	0	1	2	3	4	5
Mapin OJÓsfero	Este personaje representa la percepción periférica, esa capacidad que te permite una visión holística, para captar el bosque no el árbol.						
Ana-Lista-Lupa	Es el personaje que representa esa capacidad de análisis y percibir los detalles.						
Focussingos	Son varios personajes, cuya característica es su capacidad para enfocarse en un área de interés: su cuerpo, su mente, sus anhelos neuróticos, etc.						
Tres voces: TiterECO, DijoDije Tuitui-Ón	Tres personajes representan está habilidad conversacional contigo mismo. La capacidad de escuchar tu diálogo interior y poder alinear tus voces interiores y exteriores.						
Cinti Ketas	Ver la realidad, a mí mismo y a los demás, sin "ponerles etiquetas".						
Veintimicae	Tu "darte cuenta", los veintes que te caen cuando aprendes algo.						
Aprendizever	Tener la "actitud del aprendiz", que aprende en todo momento.						
Neurón Plastimind	Mente flexible, que se abre a otras ideas, posibilidades, puntos de vista.						
KuikRender	Procesos mentales rápidos						
ActiMAN Slow	Representa el bajar la velocidad mental, salir de la prisa que nos estresa para disfrutar de la vida, de la comida, de la familia, de una charla de sobremesa.						

Ricardo de la Vega

PERSONAJE	HABILIDAD O COMPETENCIA MENTAL	0	1	2	3	4	5
FocuSER Flow	Poner mi foco de atención en una cosa a la vez. Me enfoco de forma plena y disfruto lo que hago.						
Rememverdoit	La memoria a corto, mediano y largo plazo, memoria sobre mis prioridades y lo que tengo que hacer. ¿Cómo puedes incrementar dicha capacidad de recordar?						
Espejo KEAS	Este personaje representa nuestras neuronas espejo, de las cuales nace la empatía y el deseo de imitar a otros, como las aves Keas.						
Hiiipnas Placebus	Programa tu mente inconsciente a tu favor. Capacidad para entrar en trance y sugestionarte de forma positiva.						
Humani SentiPensare	Integras tu razón y tu emoción.						
InovaWow	Tu mente enfocada en crear arte, soluciones, ideas. De preocuparte a ocuparte creativaMENTE						
Los DiverCHIDOS	Tiempo de esparcimiento, la mente necesita un espacio para distraerse y generar aprendizajes divertidos en sus tiempos de ocio, como tener un hobby.						
Yessi Maybe	Este personaje es la capacidad de la mente para tomar decisiones al integrarse en la escucha de la brújula 1 BSM no se entiende.						
TANTÁN PregunTÓN	Es tu capacidad de hacer preguntas poderosas. La curiosidad y la inocencia natural de un niño que te lleva a hacer preguntas por obvias que parezcan.						
Los InfiniWishes	Tu habilidad para generar pensamientos positivos sobre tí mismo y los demás.						

PERSONAJE	HABILIDAD O COMPETENCIA MENTAL	0	1	2	3	4	5
Navigón Timón	Ser una persona autodirigida que confía en que sus acciones determinan el cambio de rumbo y su destino.						
Drimerín Jetita	Este personaje representa tu capacidad mental para poder dormirte y tener un sueño reparador. Incluso, poder descansar en una siesta. Son recomendadas 7 horas para dormir diariamente.						

Para desarrollar las habilidades mentales del cerebro: la memoria, la atención, velocidad de procesamiento, solución de problemas, flexibilidad. Existen muchos juegos mentales en internet una excelente herramienta es: *www.lumosity.com*

Danzaterapia: Es una excelente herramienta terapéutica a través de la danza. Al mover el cuerpo de forma libre al ritmo de la música, no movemos solo el cuerpo, movemos también nuestras emociones y nuestro espíritu. La *Danzoterapia* ayuda a flexibilizar nuestra mente con el movimiento corporal. Al soltar el cuerpo, soltamos también nuestros juicios y patrones rígidos de pensamiento.[124]
Para la danzaterapia, mente, cuerpo y espíritu forman una unidad.

¿Qué piensas sobre mover tu cuerpo de forma libre al escuchar la música? El movimiento y las posturas corporales están vinculadas de forma inconsciente con lo que piensas y sientes.
¿Qué busca la danzaterapia? Busca la integración total de tu ser. Existe *la Asociación Norteamericana de Danza Terapia (ADTA)*[125] define la danzaterapia como *"el uso psicoterapéutico del movimiento para promover la integración emocional, cognitiva, física y social de un individuo". (ADTA, 2013)*

A principios de la década de 1940, Marian Chace, en la costa este de los Estados Unidos fue requerida por el Hospital Federal St. Elisabeth en el área de Washington D.C. para que trabajara con los pacientes de la Unidad de hospitalización Psiquiátrica. *¿Cuál fue la sorpresa de los médicos?*
La *danzaterapia* tuvo un impacto positivo con los pacientes diagnosticados como psicóticos y esquizofrénicos, la danza improvisada, creativa, cuyos movimientos son empáticos y sincronizados transmitía a cada persona un mensaje sin juicio: *"te acepto como tú eres y quiero estar contigo donde tú estas".*
Para los que no pueden expresarse de forma verbal, la *danzaterapia* abre posibilidades de comunicación.[126]

---

124 Curso de Danzaterapia, 2011 México, D.F. con Kelly Raquel Mónica Satz.

125. ADTA "American Journal of Dance Therapy".

126. Sarah Rodríguez Cigaran (Dra. en Psicología por la Universidad de Deusto. Licenciada en Psicopedagodía) DANZA MOVIMIENTO TERAPIA: CUERPO, PSIQUE Y TERAPIA. Avances en Salud Mental Relacional / Advances in relational mental health. Vol. 8, núm. 2 – Julio 2009 Órgano Oficial de expresión de la Fundación OMIE. Revista Internacional On-Line / An International On-Line Journal.

Sudoku: El Sudoku es un pasatiempo y una herramienta para entrenar tu percepción global y de detalle con relación a lograr una secuencia de números con una cierta distribución espacial.

El objetivo es rellenar una cuadrícula de 9 × 9 celdas (81 casillas) dividida en sub cuadrículas de 3 × 3, lo que conforman cajas para ser llenadas con las cifras del 1 al 9. Al jugar *Sudoku* haces conexiones neuronales, mejoras tu concentración. Si lo jugamos con un reloj también nos permite entrenar nuestro **KuikRender.**

Mónica Álvarez Aja, asesora nutricional, nos invita a jugar *Sudoku* y también el *Frutoku.*
¿Qué es el Frutoku? Una adaptación del Sudoku donde la secuencia de números se sustituye por frutas y verduras. *¿Cuál es el objetivo?* Que tu mente se familiarice al jugar con diferentes alimentos con el fin de promover el consumo de los mismos y generar buenos hábitos alimenticios.

Si la mente tiene presente las donas, la frituras, el pensamiento segrega jugos gástricos y el antojo te mueve a la acción de buscar dichos alimentos. En lugar de pensar en una bolsa de chicharrones, piensa en un rico mango.

Ejercicio

Frutoku: Ten a la mano lápices de colores, crayolas, ahora crea tu Frutoku .[127]
Cada número del 1 al 9 equivale a una fruta o una verdura.

Un nuevo reto para la mente. Los números tienen una secuencia en nuestra memoria. El reto es mantener la secuencia numérica del 1 al 9, sustituyendo cada número por una fruta o verdura. Por ejemplo:

1 **2** **3** **4**

5 **6** **7** **8** **9**

Frutoku
(crea tu propio juego)

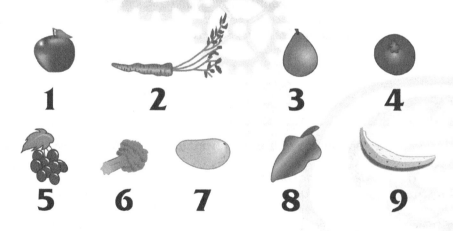

5	3	4	6	7	8	9	1	2
6	7	2	1	9	5	3	4	8
1	9	8	3	4	2	5	6	7
8	5	9	7	6	1	4	2	3
4	2	6	8	5	3	7	9	1
7	1	3	9	2	4	8	5	6
9	6	1	5	3	7	2	8	4
2	8	7	4	1	9	6	3	5
3	4	5	2	8	6	1	7	9

$$1 = Manzana \quad 2 = Zanahoria \quad 3 = Pera \quad 4 = Jitomate$$
$$5 = Uvas \quad 6 = Brócoli \quad 7 = Mango \quad 8 = Pimiento \quad 9 = Plátano$$

¿Cómo se juega? Escoge un Sudoku y sustituye los números impresos por frutas o verduras y a jugar. Observa cómo vives este reto para tu mente.

Soroban: Gustavo Lopez [128] es un especialista en *Soroban,* esta herramienta que aprovecha el ábaco para implementar una metodología que permite hacer operaciones matemáticas (sumar, restar, dividir y multiplicar) sin calculadora y detonando nuevas conexiones neuronales, con tres meses de prácticas, las personas descubren que les es más fácil aprender idiomas, concentrarse en una actividad, fortalecer la disciplina y la creación de nuevos hábitos con tan solo 12 minutos de práctica diaria.

Mindfulness: No existe un término en español para definirlo. El *Mindfulness* es una capacidad de la mente para vivir en atención y conciencia plena, significa prestar atención consciente a lo que está ocurriendo en el aquí y ahora. Es un estado de apertura a la experiencia y a los hechos, a lo que ocurre en la aceptación plena de lo que es y sin juzgar.
Amira Valle[129] es una especialista en la materia y su misión es promover un mundo de paz con el Mindfulness a través de promover su práctica entre maestros, padres de familia y niños.

Ejercicio

Algunos de los personajes del **Sistema BioSensusMind Possibilitas**[MR] *que viven en este estado de mindfulness, en una conciencia plena de lo que pasa, con una mirada relajada y aceptante son:*
Miritálcualt, Cinti Ketas, FocuSER Flow, Actiman Slow.

¿Qué otros personajes consideras que se abren a vivir en el aquí y el ahora?

_____

_____

Ve en familia el siguiente video en youtube *(https://www.youtube.com/watch?v=yCFFL_xbo44)* y compartan.
¿En que puede beneficiar tu vida la práctica de Mindfulness? También te recomiendo hacer la lectura del libro *"El Regalo del Elefante,* **Mindfulness** para niños (de 3 a 90 años)"* [130] de Amira Valle, una investigadora mexicana con años de experiencia enseñando Mindfulness en las escuelas de Estados Unidos y México. Selección algunos ejercicios propuestos por la autora y llevalos a la práctica diaria en tu familia o escuela.

Compártenos tus aprendizajes y comentarios a ***ric@possibilitas.com.mx***

_____

127. El Espacio Logopédico tiene a la venta el Sudoku de frutas. http://www.espaciologopedico.com/tienda/prod/13147/sudoku-de-frutas.html
128. Gustavo López, Facilitador de Sorobán *gus_tonylopez@yahoo.com.mx*
129. Amira Valle Amira se graduó con honores de la licenciatura en Química en la Universidad Nacional Autónoma de México. Posteriormente obtuvo un MBA en la Universidad Iberoamenricana. Trabajó como investigadora en el Laboratorio de Psicobiología y Comunicación Humana bajo la tutela del famoso neurofisiólogo mexicano, Jacobo Grinberg-Zylberbaum, investigando los efectos de la meditación en el cerebro. Se ha especializado en la enseñanza y promover el buen hábito del Mindfulness en los sistemas educativos de Estados Unidos y México. Lleva a Amira Valle a tu escuela: ric@possibilitas.com.mx

Gimnasia Cerebral: es una herramienta poderosa para mejorar las funciones del cerebro, integrar los hemisferios izquierdo y derecho, incrementar la memoria, la concentración y activar nuestros aprendizajes. La *Gimnasia Cerebral* mejora la conexión entre nuestro cuerpo y nuestro cerebro por medio de movimientos corporales; fue desarrollada por el Dr. Paul Dennison, un pionero en las investigaciones del cerebro y ha sido muy difundida por Luz María Ibarra, quien ha generado actividades divertidas para activar nuestra mente.

El estrés afecta la memoria a corto plazo, te propongo que hagas lo más rápido posible el siguiente ejercicio con el apoyo de un compañero que te lea las actividades a realizar.

Lectura de tu compañero: *"Cuenta del 1 al 10, brinca sobre un solo pie, haz una sentadilla, bosteza y estira los brazos, aplaude con los brazos arriba, recita el abecedario".* Al terminar, tu compañero te pregunta: *¿Recuerdas cuál fue la actividad que hiciste en cuarto lugar?*

Lo más probable es que no lo recuerdes, porque al estresarse el cerebro pone su atención en lo que está haciendo en el presente y deja en segundo plano la memoria.
Para estimular la memoria, existen ejercicios de gimnasia cerebral que conectan tus dos hemisferios. Te propongo que muevas tus ojos de forma lateral de uno a otro lado a la altura de tus oídos.
Este sencillo movimiento conecta tu cerebro y te ayuda a recordar.

Psicología Positiva: La psicología positiva estudia las bases del bienestar psicológico y de la felicidad así como de las fortalezas y virtudes humanas. Cuando saboreas un queso gruyere, *¿piensas en ese momento en el queso faltante en cada agujero? ¿Verdad que no?*

Pues la noticia que te tengo es que algunos sistemas educativos funcionan al revés. Recuerda cómo aprendías en tus primeros años de escuela. *¿Cómo te evaluaban los maestros?* Al ver tu boleta de calificaciones, *¿en donde ponían el foco tus papás y maestros?*

Recuerdo que en Sexto año de primaria tenía una habilidad innata para hablar en público, fui escogido por la Directora para ser maestro de ceremonias el día de las madres, gané un premio al declamar poesía, escribí y dirigí dos obras de teatro, monté un espectáculo de teatro guiñol con anti comerciales en el intermedio.

El maestro me pedía que lo apoyara a dar la clase.
Sin embargo, mi capacidad para hablar en público, crear y entusiasmar al grupo quedó en el olvido, pues el foco de atención siempre estuvo en una nota roja: a pesar de asistir desde el Kinder a un colegio Bilingüe, mi dominio del idioma Inglés no era bueno. Desde primero de Primaria hasta la Universidad tomé clases particulares de Inglés.
¿Y qué pasó con mis talentos? Por poner el foco en lo que me faltaba, es decir mis debilidades, dejé de enfocarme en mis fortalezas. ¿Te ha pasado algo similar a ti o a alguno de tus hijos o sobrinos?

130. Amira Valle, El regalo del Elefante, para niños (3 a 90 años) Editorial Elephant Wise, México 2013.

Reencuadre: Herramienta poderosa de la Programación Neuro lingüística que permite ver otras posibilidades de significado ante cada evento de la vida. Pensemos por ejemplo en la lluvia: Para los habitantes del desierto es una bendición, para una novia en el día de su boda puede parecerle una tragedia. Las situaciones que vivimos son neutras, somos nosotros quienes le damos un significado y una carga emocional.

Una persona que sufre un infarto puede decir: *"Ya me cargó el payaso"* o *"Tengo una segunda oportunidad para disfrutar la vida".* El significado que damos a los sucesos de la vida es nuestra elección.

Piensa en algunas situaciones adversas que has vivido. En un principio, *¿qué significado le diste a lo ocurrido? ¿Qué significado le das ahora? ¿Qué aprendizajes te dejo?* Te das cuenta que has vivido muchas experiencias en tu vida que te han permitido llegar al momento presente. Martin Stringel[131] dice: *"Las cosas pasan NO TE PASAN A TI."*

¿Para qué tomarte personal algo que ha ocurrido? Nota como al cambiar el significado, es decir al reencuadrar y cambiar el marco de la pintura, la pintura se ve diferente. Tu eres una obra de arte con vida. *¿Cómo quieres enmarcar tu rostro?*

_____

_____

_____

Existen muchas herramientas o recursos que te permiten desarrollar tus capacidades mentales. En este libro te he sugerido algunas, *¿De qué otros recursos puedes echar mano?*

Descubre *¿Cuáles son las herramientas que mejor a ti te funcionan para desarrollar cada habilidad de tu mente?*
En los siguiente recuadros completa la información con base en tu experiencia y las posibilidades no exploradas:

_____

131. Martin Stringel: Especialista en Desarrollo humano a través de arte y Aprendizaje Acelerado.

Ricardo de la Vega

Personaje (en el recuadro de abajo dibuja el personaje que representa la habilidad mental)	Habilidad a desarrollar	¿Qué recursos o herramientas puedes utilizar?	¿Qué recursos te comprometes a utilizar con frecuencia?
		1 _____ 2 _____ 3 _____	
		1 _____ 2 _____ 3 _____	
		1 _____ 2 _____ 3 _____	
		1 _____ 2 _____ 3 _____	
		1 _____ 2 _____ 3 _____	

Índice C

BioSensus MIND

Ricardo de la Vega

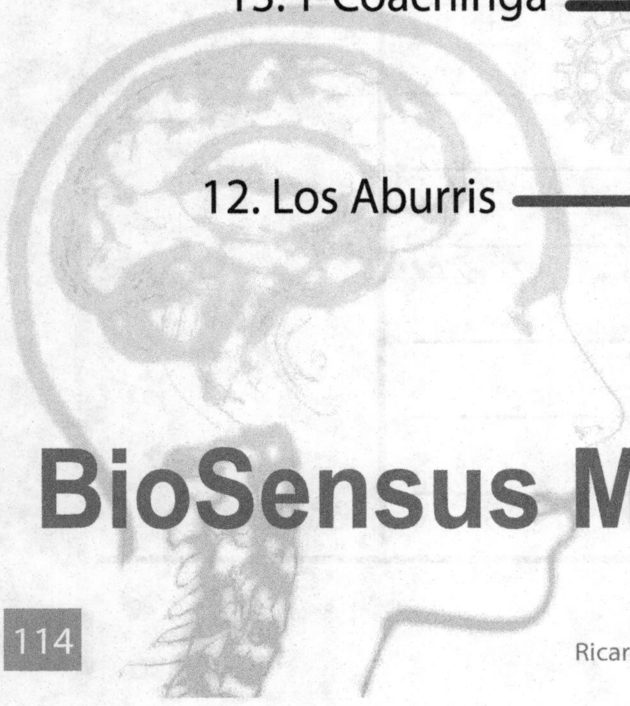

ner

1. Disperzappin

2. Focussingos Toc

3. Blanco de Nigris

4. ImanGris

5. Controlitis Master

6. Dr. Léctor Dimente

7. Saturnino Saturitis

8. Chichiculebra

"agujeros negros"

9. Celotes PopCorn

10. Jamasita TodolaNadien

8. Personajes Agujeros Negros de tu mente

8.1. ¿Qué son los pensamientos?

Son descargas eléctricas entre neurona y neurona, son imágenes, sentimientos, sonidos, olores, sabores dentro de tu mente. Una mezcla de impresiones sensoriales recordadas y construidas.

El *CEREBRO EMOCIONAL* no sabe distinguir entre lo visto externamente y lo representado en mi cabeza con mi sentidos internos. Se estimulan las mismas zonas del cerebro cuando vemos un objeto o evento real, por ejemplo un paisaje, que cuando recordamos dicho paisaje con todas sus tonalidades o cuando evocamos un atardecer en nuestra mente. Nuestros pensamientos tienen un efecto directo en todo nuestro ser.

Ejercicio

Programación Neuro Lingüística (PNL): saborea un limón en tu imaginación. *¿Qué sensaciones experimentaste al imaginarlo?*

_____

_____

Tu cuerpo reacciona igual ante el estímulo real y en tiempo presente, que ante el estímulo recordado o imaginado. Por eso el pensamiento es acción. Si te imaginas la cara de tu jefe y tu escritorio cuando estás en plenas vacaciones, adiós vacaciones, tu cuerpo no va a descansar.

Por el contrario, si en un día pesado de trabajo, te tomas diez minutos para imaginar que sientes la arena suave bajo tus pies, el sonido del mar, la brisa sobre tu cara, el sabor de tu bebida favorita y el paisaje de mar verdoso que se funde con el horizonte azul, tu cuerpo, mente y espíritu se relajan.

Por lo que no existe para nuestro cerebro una diferencia entre lo que vemos, oímos y tocamos con nuestros sentidos físicos y lo que representamos con nuestros sentidos interiores.

¿Qué sentiste al recordar el limón y su jugo en tu lengua? Como ya se dijo, se estimulan las mismas áreas del cerebro al recordar un evento, que al construirlo con nuestra imaginación.

"Cuida lo que piensas" dice la campaña publicitaria de un Hospital mexicano.

El estrés y muchos de nuestros padecimientos se derivan de un uso inadecuado de nuestra herramienta mental. Los *loops* de pensamiento, esas ideas que se repiten y se repiten en nuestra cabeza, nos llevan a:

- *Enamorarnos de alguien.*

- *A experimentar fobias.*

- *A saturarnos sensorialmente, como ocurre con el spot de un político que lo pasan día y noche por la tele. Ver nuevamente el comercial de televisión nos aturde.*

Ricardo de la Vega

Sostener un *PENSAMIENTO AGRADABLE* nos lleva a un estado emocional de paz, sostener un *PENSA-MIENTO DESAGRADABLE* te puede generar angustia, frustración, etc.

El Dr. Salvador Thomassiny[132] comenta que el amor se deriva de la acción de amar, el sentir amor se genera si nos movemos a la acción de amar. Esto es revolucionario y nos permite comprender cuando Jesús decía *"Ama a tus enemigos." ¿Cómo poder amar a alguien que se odia?*
Si te mueves a la acción misma, la consecuencia es el sentir. Lo anterior tiene que ver mucho con el pensamiento. Si el pensamiento es acción y nos movemos con el pensamiento a amar, el resultado es el amor. De ahí la importancia de observar y cultivar que nuestros pensamientos sean positivos, pues cada pensamiento tiene una energía.

Somos seres integrales **BSM** *(BioSensusMind),* una unidad de nuestro pensar, sentir, hacer, nuestro lenguaje corporal, lo que conversamos, nuestros deseos e intenciones. De modo que el volumen de nuestras emociones afecta nuestros pensamientos y el *"canal de televisión"* que sintonizamos en la propia mente al pensar, afecta todo nuestro *sistema* **BSM**.

Pensamientos obsesivos:

Nuestra mente alucina: como ocurre con los viajes con *LSD* o de ciertas drogas alucinógenas como la ayahuasca,[133] donde la persona que las consume busca vivir estados extraordinarios de conciencia alterada. Sostener un pensamiento negativo el suficiente tiempo puede cambiar nuestra química cerebral. Por el contrario, podemos tener pensamientos que nos generen estados de euforia.
El enamoramiento es un estado alterado de la mente en donde idealizamos al ser humano que está frente a nosotros como un espejo de nuestros deseos.

No amo al otro por lo que es, sino por lo que imagino que es, ya que deposito en aquella persona expectativas mías. Sostener el suficiente tiempo en la mente un pensamiento obsesivo nos puede llevar a vivir estados emocionales *"pico".* Es decir, una emoción muy intensa que nos puede rebasar; en dicho estado siento un deseo irresistible por algo, por alguien, o me muevo a la *REACCIÓN* de hacer algo.

Ejemplo: Para una persona que tiene como objetivo bajar de peso, puede ser una tentación pasar enfrente de un puesto de hamburguesas o una tienda de donas.

---

132. Experto con más de 30 años en estudiar la Biblia y el misterio de La Finalidad de la Creación y de la Voluntad de Dios. Conferencia 9 de Agosto de 2012. México, D.F.

133. Es un brebaje que proviene de una planta enredadera que crece en varios países de América Latina y cuyo principio activo es la harmina, un alucinó-geno suave. Ha sido consumida con fines rituales en pueblos indígenas de Brasil, Ecuador y los Andes peruanos desde hace miles de años.

8.2 ¿Qué son las distorsiones de tu mente?

La *Programación Neurolingüística (PNL)* plantea que existen tres fenómenos naturales cuando percibimos la realidad: Podemos caer en **generalizaciones**, si me caigo de una bicicleta puedo pensar que *TODAS* las bicicletas son peligrosas; **eliminación**, al comunicarme puedo omitir información sin darme cuenta, pues en mi pizarrón mental tengo muy claro la imagen de lo que estoy hablando, lo que no significa que le quede claro al que me escucha. Por ejemplo, *"pásame la desa que está encima del dese".* Un tercer fenómeno natural son las **distorsiones**, puedo estar predispuesto por mis experiencias del pasado a darle pinceladas con mi imaginación a lo que percibo.

Por ejemplo, si en mis dos últimos empleos me despidieron, al ver entrar a un señor de traje a platicar con mi jefe, puedo pensar que esa persona va a ser mi sustituto en mi trabajo, o si suena un teléfono en la madrugada puedo inferir que alguien se murió. El término distorsiones cognitivas se deriva de las terapias cognitivo-conductuales ya que el pensamiento tiene un efecto directo sobre nuestras emociones y por lo tanto en nuestro comportamiento.

Albert Ellis fue uno de los precursores en hablar de las distorsiones cognitivas, ampliado por Aaron T. Beck. Necesitamos Cuidar nuestra bioquímica cerebral al igual que el uso adecuado de las tres voces **(DijoDije, Titereco y TuiTuiÓN):**

Una persona con exceso de creatinina por deficiencia renal está intoxicado y puede vivir alucinaciones.

Lo mismo una persona que hiperventila puede cambiar el Ph de su sangre y distorsionar la realidad.

Por mucho que cambie usted sus representaciones internas, si tiene la bioquímica estropeada o alterada, el cerebro recibirá representaciones distorsionadas. Todo el sistema está perjudicado.[134]
Las personas tendemos a dar significados y captar intenciones, podemos hacer pronósticos mentales de lo que puede ocurrir, crear diferentes escenarios.

Las distorsiones cognitivas se refieren a confundir el Mapa mental que construimos en nuestra cabeza con la realidad misma.
Mi mente se convierte en un sistema cerrado como el de un anciano que no convive con nadie, solo ve un canal de telenovelas y evita el contacto con vecinos, amigos y con los noticieros que lo mantienen informado.

---

134. Anthony Robbins ,Poder sin límites: La nueva ciencia del desarrollo personal. Ediciones de Bolsillo, 30 de abril de 2007.

Ricardo de la Vega

¿Cuántas veces nos evadimos de la realidad y nos aislamos como un mecanismo de defensa?

La mente tiende a llenar los vacíos de información con su propia información. *"No contesta el teléfono"* (vacío de información), desconozco el motivo, pero lleno el vacío con mi LORO la voz en mi cabeza *"de seguro al abuelo le dio un infarto."* El ser humano capta intenciones: por eso entendemos una obra de teatro. El señor que toma el dulce se lo va a regalar al niño, ese señor va ayudar a cruzar la calle a la viejecita.

Nuestra mente opera como los cookies en una computadora que nos ayudan a hacer búsquedas rápidas de información. La mente igual que la computadora se anticipa al texto que se está escribiendo o a lo que está escuchando o percibiendo. Y con solo escribir unas letras en el teclado de la laptop y el corrector de texto se anticipa. Por ejemplo, *escribo:*

"Trab" y el teléfono inteligente completa la palabra "trabajo"; anoto la sílaba "Cu" y se completa la palabra "culo" cuando en realidad quería enviar por el mensaje de texto "ya puede pasar por su cuaderno".

Esto implica pasar de un problema de comunicación a un problema en la relación si no se aclaran las cosas. Las distorsiones cognitivas se refieren a pensamientos que brotan de forma automática como el efecto zapping al cambiarle de canal en un aparato de televisión, muchos de los persamientos se alejan de los hechos observables, es como mirarnos en un espejo que deforma nuestra imagen y nos hace ver más chaparros, más gordos o con un cuerpo deforme.

Hay que tener en cuenta que percibir es interpretar y al dar un significado participan nuestras emociones como una gafas de colores, el que está enamorado todo lo ve color de rosa, el que está deprimido cualquier cielo azul es gris, el que está bajo la intoxicación de los celos puede percibir a cualquier extraño como un posible amante de su pareja.

Desde la Terapia Biomnémica[135], las memorias celulares nos predisponen para sobreactuar y sobreemocionalizar ante cualquier evento en apariencia insignificante.

Por ejemplo, ante un cajero de un banco que omite regresarnos diez pesos, una persona con memorias celulares sobre la *"injusticia"* puede gritarle ratero al cajero.

Dichas memorias operan como anclajes biológicos a nivel inconsciente y nos restan libertad ya que condicionan la percepción del que observa. Veamos con un poco de sentido del humor el diálogo en una pareja: Necesitamos humildad para aceptar que nuestra percepción es limitada, no vemos a simple vista los rayos infrarojos y no por eso dejan de ser reales, nacer en un sistema familiar con ciertas creencias, en una cultura, en un momento histórico con circunstancias socio-político-económicas por las que atraviesa tu país.

Y que decir de tu propia historia con experiencias de vida que te marcan y bendicen. Ya que cada persona elabora su modelo de mundo con base en sus vivencias.

---

135. Sesiones Terapéuticas de Biomnémica con la terapeuta Martha López Araiza de la Asociación Mexicana de Biomnémica A.C. México, D.F. marzo-agosto 2015

8.3 **17** *Personajes Agujeros negros:*

La actividad mental demanda mucha energía, cada pensamiento es energía.
¿Has observado cómo tu celular se puede descargar cuando se queda encendido toda la noche o cuando no desactivas una alarma?

La Terapia Cognitiva sostiene que tus estados emocionales intensos no dependen principalmente de tu entorno y de las situaciones que vivas, sino del significado e interpretación que des a cada evento. Si cambias tu forma de pensar, cambiarás la forma de sentir. Rafael Santandreu nos invita a la psico higiene mental, a cuidar lo que piensas.[136]

Marcela Infante[137] nos sugiere que a los problemas hay que dedicarles solo el tiempo indispensable para resolverlos, de lo contrario se convierten en un "agujero negro" que nos roba la energía productiva. *"Las cosas ocurren, no te ocurren."*[138]

Tú eliges tomarte personal cada acontecimiento como si la vida conspirara en tu contra. Son tus ideas negativas, tus pensamientos automáticos y creencias personales las que afectan tu estado emocional.

Para que tengas a tu alcance una forma divertida y más didáctica para aprender las distorciones y los ladrones de energía mental he desarrollado los personajes llamados agujeros negros *(ver indice c).*

Amigo lector:
A continuación aparecen algunos personajes que son *"agujeros negros"*, identifícalos, piensa y ayúdanos a darle forma a los demás que se mencionan, acepto tus propuestas enviando tu boceto a:
possibilitas@gmail.com

---

136. Santandreu, Rafael. "Los lentes de la felicidad: descubre tu fortaleza emocional". Editorial Grijalbo. Reimpresión, México, noviembre 2014.

137. Psicoterapeuta Marcela Infante, Reencuadre México, D.F. 2011.

138. Facilitador Martin Stringel. "Encuentro Internacional de Dinámicas de Grupo" Aguascalientes, México.2010.

8.3.1 Disperzappin:

El personaje **Disperzappin** representa a aquellas personas dispersas que no logran enfocar su mente para lograr sus resultados.

En los Módulos anteriores de esta serie de libros **BioSensusMind Possibilitas**^{MR} ya hemos hablado de otros tipos de Zappings: emocional, afectivo, de acciones. Ahora dedicamos un espacio para el *"zapping mental"*.

Al vivir en *ZAPPING MENTAL*: Hemos extraviado el control remoto para elegir el *"canal de televisión"* que queremos ver en nuestra cabeza y en cuáles de los estímulos externos queremos enfocarnos.

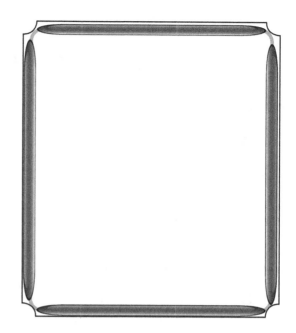

El personaje **Disperzappin** representa a aquellas personas dispersas que no logran enfocar su mente para lograr sus resultados. En los Módulos anteriores de esta serie de libros **BioSensusMind Possibilitas**^{MR} ya hemos hablado de otros tipos de *Zappings*: emocional, afectivo, de acciones. Ahora dedicamos un espacio para el *"zapping mental"*.

Al vivir en *ZAPPING MENTAL:* Hemos extraviado el control remoto para elegir el *"canal de televisión"* que queremos ver en nuestra cabeza y en cuáles de los estímulos externos queremos enfocarnos.

Fantasía

Lo peor del día

Lo peor de la semana

Ejercicio ¿Cuál es el canal o canales en el que se queda sintonizada tu cabeza?
Ponles un nombre:

Fantasia _____

Lo peor del día _____

Lo peor de la semana _____

El Canal de la Fantasía

Es un canal en tu cabeza lleno de pensamientos fantasiosos, ideas que no aterrizas con tus acciones, metas ambiguas y fuera de tu alcance, expectativas irreales. Por ejemplo, casarte con Sandra Bulock, con Brad Pitt, ganar un millón de dólares sin trabajar, sin invertir ni comprar billetes de lotería. Este canal te evade de tu realidad.

El Canal "lo Peor de mi Semana"

Es un canal en tu cabeza lleno de pensamientos negativos y catastróficos sobre lo peor que te puede ocurrir en el futuro o en tu semana. Al sintonizarlo no puedes vivir en el aquí y en el ahora por la ansiedad de pensar en la avalancha de cosas negativas que supuestamente se avecinan. Ahora, escribe sobre algún otro canal que has detectado en tu cabeza:

El Canal _____

Ejercicio

es un canal en tu cabeza lleno de pensamientos _____

_____

Observa tu tipo de **Zapping Mental**: cuando fantaseamos y nos alejamos de lo que ocurre en la realidad y de lo que nuestros sentidos captan. La mente puede fantasear, se pueden activar varios mecanismos de defensa como la negación de lo qué está ocurriendo o evadirnos de la situación.

El futuro y pasado son estados mentales ajenos al presente, al aquí y el ahora. Cada vez que recordamos el pasado lo reescribimos y modificamos.[139] De modo que se va modificando nuestra experiencia original; sí podemos reescribir el pasado y con ello, el peso del mismo dejará de interferir nuestra forma de vivir el presente. El futuro no está aquí, pero *¿qué pasaría si pudiéramos vivir el futuro en el aquí y en el ahora con tal intensidad que se registre como una certeza en nuestra vida? ¿Cuál es la relación entre comer y el* ***zapping mental***?

139. Stéphane Clerget, "Sobrepeso emocional" Ediciones Urano pags 288 2011

Ricardo de la Vega

A donde va tu mente va tu energía y tu intención, si comes viendo la tele o pegado al celular, tu cerebro no registra que estás comiendo. La psiquiatra Stéphane Clerget, afirma que la nutrición es mucho más que un combustible para el cuerpo. Si no escucho mis emociones voy a comer por impulso emocional.

¿Qué causas empujan a una persona a picotear mientras ve la televisión y a otra a darse atracones nocturnos? ¿Por qué unas partes del cuerpo engordan más que otras? ¿Qué papel tiene la memoria en nuestras dificultades para adelgazar?

Lee el libro *"Sobrepeso emocional"* y revisa la relación entre el zapping de tus pensamientos –del que hemos hablado– con la forma en que te relaciones con tus emociones y los alimentos.

Los Budistas Tibetanos se entrenan en observar su mente. Y pueden distinguir entre un problema externo y un problema interno. Un problema externo es por ejemplo, *"se me ponchó la llanta del coche"*, piense o no piense en esta situación, la realidad es que al abrir mis ojitos, la llanta está ponchada y va a seguir ponchada.

Un problema externo necesita una solución externa, buscar alternativas de solución, sacar el *"gato de la cajuela"*, pedir ayuda; por el contrario, un problema interno es creado por nuestra mente, por ejemplo, *"estoy con la llanta ponchada, me van a robar"*, la mente se va a crear un escenario catastrófico. Dicho problema interno requiere una solución interna, por ejemplo, respirar, orar... Como dice Santa Teresa: *"La Mente es la loca de la casa"*.

Nuestra mente es una herramienta y la podemos usar a nuestro favor o en nuestra contra.
En este caso hay dos problemas: el problema externo *(llanta ponchada)* y la angustia que surge ante el pensamiento *"me van a robar"* (problema interno).

Observa tus problemas de la última semana y clasifícalos en externos e internos.

Problema Externo	Alternativas de Solución	Problema Interno	Alternativas de Solución

8.3.2 FOCUSSINGOS TOC

(Los Focussingos fueron ya mencionado en hojas anteriores y en el libro introductorio Modulo 1 del **Sistema BioSensusMind PossibilitasMR**, *te pido hacer una lectura de dicho tema.)*
Los **focussingos** tienen una cualidad positiva, saben enfocarse en sus objetivos para lograrlos.

Sin embargo, aquí en el los personajes que corresponden a los agujeros negros, nos referimos a los **FOCUSSINGOS TOC** *e*s decir, aquellos personajes que viven de forma obsesiva compulsiva el lograr su objetivos y metas.

Los pensamientos repetitivos y perturbadores nos roban energía y la paz.

¿Cuanto desgaste les genera querer abrir puertas que no se abren? Pretender lograr metas que no están a su alcance pues muchas de sus obsesiones no están al alcance pues dependen del libre albedrío de terceros.

Ricardo de la Vega

El empleado que desea que corran a su jefe para ocupar su puesto; el político que corre un maratón y toma un atajo para ganar haciendo trampa; el nieto que espera que muera su abuelo para que le hereden; el que *Focussingo Mind TOC* se enfoca en cambiarse de casa sin darse cuenta que con el cambio puede afectar a su familia; Los *Focussingos* conquistan el mundo y con frecuencia pierden en el camino la brújula y se pierden a sí mismos.

Los *Focussingos TOC* en muchas de sus modalidades, al enfocarse en sus objetivos pierden la percepción integral de la realidad, caen en lo que María Luisa Heres Pulido[140] menciono como visión de tubo, me enfoco en algo y dejo de ver lo de alrededor, también en la gestalt se llama figura y fondo, me enfoco en lo que hace figura y dejo de ver el fondo.

¿Qué es eso de *TOC*?

TOC son las siglas que hacen referencia al Trastorno Obsesivo Compulsivo.[141]
El Trastorno Obsesivo Compulsivo es definido por la Asociación Americana de Psiquiatría en su manual (DSM-IV) como un trastorno de ansiedad caracterizado por la presencia recurrente de obsesiones y/o compulsiones que interfieren en el funcionamiento adecuado y la adaptación de la persona.

¿Alternativas para su manejo?
Hay cientos de tipos de Meditación, yoga, ejercicios de respiración profunda, y otras técnicas para aliviar estrés y ansiedad que se presentan por el *TOC*; en especial la Meditación Vipassana [142] (que significa ver las cosas como son), atención plena o "*Mindfulness*". [143]
pueden ayudar a reducir los síntomas de ansiedad que se presentan por el *TOC*. Una forma de meditación que se conoce como meditación de atención plena o "mindfulness" contribuye, en particular, a los que padecen de *TOC*.

Personaje *Focussingo Mind*: vivo en mi cabeza.

El zapping mental (explicado en el Libro Modulo 1 introductorio de este sistema Biosensusmind Possibilitas MR) es un proceso, la mayor parte del tiempo inconsciente, en el que la mente, las emociones, las conversaciones, brincan de un canal a otro, sin nuestro control.

Los personajes *Focussingos* tienen una capacidad contraria a la dispersión, se enfocan; pero, a diferencia de un *FocuSER Flow* que se enfoca y fluye o de *PossiBilly* que se enfoca plenamente y con una visión sistémica, global y que integra todas las áreas de su vida (*PossiBilly* contribuye con su familia, ejemplo, un ama de casa, o con la sociedad como lo hace un docente); los *Focussingos* se enfocan en algún aspecto de su vida que les hace figura o llama su atención.

Por ejemplo, un *Focussingo Mind* vive en su cabeza y da total prioridad a sus pensamientos o ideas más que a su cuerpo, sus emociones o su espíritu.

---

140. Maria Luisa Heres Pulido Diplomado como Psicoterapeuta Multidimencional, 2005 México D.F
141. Para saber más sobre el tema te sugiero visites en internet www.trastornoobsesivocompulsivo.org
142. Vipassana, es una de las técnicas de meditación más antiguas de la India. Se enseñaba en la India hace más de 2500 años como una cura universal para problemas universales. Ver video en youtube de Meditación Vipassana https://youtu.be/zjon5l-xk9w
143. The Mental Heatlh Center http://www.mhpcolorado.org/MHP/media/Documents/Resources%20PDF/Spanish/Spanish-OCD-Tips.pdf

Un **Focussingo Black** está enfocado en lograr sus objetivos y salirse con la suya a cualquier costo, pasando incluso por encima de los derechos de terceros, le importa la fama, el poder, el dinero, el placer.

Un **Focussingo Corpomente** se centra en su cuerpo y en sus pensamientos, en sus propias necesidades, pero le falta abrirse a escuchar las necesidades de los demás; un **Focussingo Metrosexy** está enfocado en su cuerpo, su belleza, su atractivo físico y descuida otras áreas.

Ejercicio

Pueden existir otro tipos de **Focussingos**. ¿Cuáles te imaginas? envíanos tus dibujos a: **www.possibilitas.com.mx** o **ric@possibilitas.com.mx**

Acciones dispersas

Acciones enfocadas

Acciones enfocadas y plenas

Acciones obsesivas

La característica principal de un **Focussingo** es que su capacidad de enfocarse actúa en su contra cuando dicha cualidad se convierte en una visión de tubo, donde solo veo lo que el tubo me permite ver.

Al ver solo detalles, soy ciego de que estoy siendo ciego.
Revisa cuál es el estado de tu mente cuando te enfocas en realizar acciones de acuerdo a la figura anterior: estás disperso o te enfocas, te enfocas y disfrutas la acción que estás haciendo o te vuelves obsesivo.

De **Focussingo Mind** podemos aprender su capacidad de enfocarse, algunos son muy buenos para la lectura y devoran libros, son intelectuales; otros **Focussingo Mind** son buenos para las matemáticas, para investigar, para hacer programas de cómputo o les encanta resolver cualquier tipo de problemas. Algunos **Focussingo Mind** necesitan trabajar su arrogancia intelectual, creen saberlo todo y no aceptan opiniones o formas de pensar diferentes a las suyas, lo cual ocasiona que las personas se alejen de ellos.

La arrogancia intelectual genera la visión de tubo, pues **Focussingo Mind** cree que él es su mente y que sus ideas forman parte de su identidad. Por eso vive como una agresión cualquier idea contraria. En este punto vale aclarar que Tú no eres tu mente, tu mente es una herramienta como una calculadora: La utilizas y la sueltas; pero, ¿cuál es el problema?

Que pensamos que somos nuestra mente y la queremos usar todo el tiempo. La mente quiere ejercer el control, no permite que el cuerpo, las emociones o el espíritu quieran decir algo.

Ricardo de la Vega

La mente se identifica con tu EGO. Por eso **Focussingo MInd** piensa que él es su punto de vista, olvida que nuestra percepción es una interpretación de la realidad cargada de conceptos y significados. Cabe recordar la frase de la PNL que dice:

" El mapa no es el territorio, ni el nombre la cosa nombrada." [144]

Focussingo Mind al vivir en el mundo de las ideas, a veces llega a pensar que sus pensamientos son la realidad misma. También un **Focussingo** necesita aprender a desaprender: un conocimiento o forma de hacer las cosas que le dio resultado en el pasado, puede no funcionarle ahora. Para ello requiere la actitud del aprendiz.

¿Cuál es la actitud del aprendiz?

Un aprendiz tiene la humildad de reconocer que no lo sabe todo y
que vive en un proceso de constante aprendizaje. Se atreve a hacer
una declaración de *"NO SE"*, a aceptar que no sabe.
Cada error cometido da la pauta para aprender, de cada persona que
se cruza en nuestro camino podemos aprender algo.
¿Tú piensas así?

Lo que hundió al Titanic fue estrellarse con un iceberg, el daño fue con el bloque de hielo que no estaba a la vista. Es lo profundo en nosotros, lo inconsciente, lo que no nos damos cuenta, lo que desconocemos, lo que nos hunde y bloquea; es decir, la ceguera de nuestra ceguera.

Por ello al trabajar con tu mente puedes desarrollar la actitud del aprendiz, esa sonrisa intelectual de los niños que no paran de preguntar *¿por qué?* y *¿para qué?* La actitud del aprendiz se alimenta de tu curiosidad y de tu necesidad básica por aprender algo nuevo cada día.

La interferencia en **Focussingo Mind** es su arrogancia intelectual: el creer que ya lo sabe todo, comentarios como:
- "No hay nada nuevo en lo que dices."
- "Esa idea ya se me había ocurrido a mi antes".
- "¿Ya entendiste o quieres que te lo explique por veinteava vez?"

Aplicando la metáfora del Titanic a tu vida, *¿cuál puede ser ese Iceberg con el que estás por chocar y no lo sabes?*

---

144. Bandler y Grinder basados en la suposición de Alfred Korzybski. Citado por José Merino y Marcela Infante en Diplomados de PNL en Reencuadre S.C. Ciudad de México 2003.

8.3.3 Blanco de Nigris

Este personaje representa una visión blanco y negro de la realidad, todo se percibe como contraste y desaparecen las tonalidades grises.
El policía encargado en la recepción de una empresa tiene instrucciones claras para aplicar un pensamiento blanco y negro: si la persona trae credencial de elector vigente entra, sin lo la trae no pasa al edificio.

En este caso el pensamiento blanco y negro permite filtrar a los visitantes según un criterio.
Del mismo modo, quien pone las *"arañas"*, un candado en una llanta por no pagar el parquímetro al estacionarse.

El criterio aquí es blanco y negro, si el automovilista tiene en el tablero del coche un ticket de pago con el tiempo vigente, el operador no le pone la araña a la llanta, pero si el ticket no está visible, o tiene el tiempo vencido, la instrucción es: ponle el candado a la llanta. No valen otros criterios como la empatía por una mama que se estacionó un momento para recoger a sus hijos de la escuela, o una anciana que se le olvido poner monedas.

El pensamiento blanco y negro de Bianco de Nigris es un agujero negro, cuando nos centramos en la regla y olvidamos para que fue creada. Un ejemplo es un caso verídico de un operador de arañas que le puso el candado a una ambulancia que recogía a un hombre atropellado en la calle.
La ambulancia no pudo retirarse por motivo de la araña que le inmovilizaba la llanta y el hombre falleció sin ser trasladado al hospital.

¿En que momentos es bueno tener un pensamiento blanco y negro?
¿En que contextos requieres ver el arco iris y las tonalidades de grises de una situación?

Donde el tabulador es 0 si me quedo en el pensamiento blanco y negro, y nivel 5 si tengo un pensamiento que ve otras posibilidades de tono.

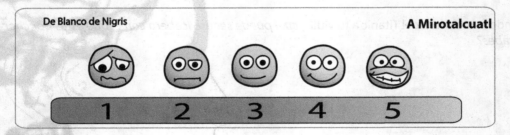

Ricardo de la Vega

8.3.4 ImanGRIS

ImanGRIS representa el pensamiento catastrófico, son pensamientos automáticos donde la persona se centra en pensar lo malo que puede ocurrir en una situación.

Ejemplo, Voy a salir de viaje, **ImanGRIS** comenta: "los aviones se caen", "en las carreteras asaltan", su mente negativa atrae como un imán los pensamientos negativo; ImanGRIS se sabe de memoria la ley de Murphy: *"Cuando las cosas están bien, algo malo necesariamente tiene que ocurrir."*

Algunas personas piensan que no pueden manejar sus pensamientos negativos y que sus pensamientos automáticos acuden a su cabeza como moscas a la miel.

BioSensusMind Possibilitas[MR] es un sistema vivo: si quieres cambiar tus pensamientos negativos no lo podrás hacer si estás hiperventilando y tu respiración agitada está generando en ti un estado alterado de conciencia. Si cambias tu respiración, relajas tu cuerpo, poco a poco saldrás de ese agujero negro de donde surgen tus pensamientos negativos y entrarás a la zona de pensamientos positivos. Y recuerda, el pensamiento es un imán, si piensas en situaciones para ti agradables, acudirán otras ideas positivas.

La psicoterapeuta María Luisa Heres Pulido [146] me explicó cómo funciona la mente como un imán: Un pensamiento negativo genera emociones negativas. La mente es una fábrica de angustias. Dependiendo de tu actitud mental, tú puedes ver un problema como un desafío o como una amenaza. Si pudiéramos editar nuestros pensamientos con la habilidad de un editor de videos, la mayor parte de nuestros problemas no serían problemas. **ImanGRIS** atrae pensamientos negativos y deja de ver las situaciones tal y como son. Tu mente puede transformar tu realidad en un infierno o en un paraíso. Cuando la mente deja de ver posibilidades estás en un purgatorio sin puertas ni ventanas. Mente es igual a infierno cuando no ves salidas.[147]

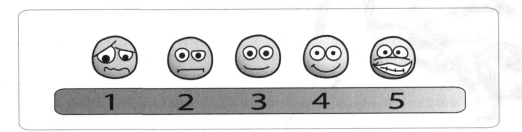

---

145. Maria Luisa Heres Pulido, México D.F, 2007.

146. Larrañaga, Ignacio. "El arte de ser Feliz." Editorial Alba, México D.F, sexta edición, 2007.

147. Juan Pablo Cortés Garza Galindo, psicoterapeuta corporal, en mi proceso psicoterapeutico personal México, D.F. 2009.

8.3.5 Controlitis Master

El Psicoterapeuta Juan Pablo Cortés Garza Galindo[148] afirma que algunas personas se creen "Gerentes del Universo", es decir asumen responsabilidades que no les corresponden y se preocupan de más.

El Personaje *Controlitis Master* se comporta como un director de orquesta que quiere controlar los estornudos del público, pone su foco en las personas que llegan tarde, en el botón de su smoking que se está descosiendo, en una conversación al fondo de la sala; quiere controlar todas las variables, hasta la mosca que vuela y quiere que el de los platillos la aplaste aunque no sea su turno de hacer sonar su instrumento.

El resultado de *Controlitis Master* es que ejerce un liderazgo marca pasos, que entorpece el desempeño de la gente al sentirse observada todo el tiempo, está encima de cada uno de los movimientos del entorno, sofoca a sus colaboradores y se olvida de soltar el control y confiar al delegar. Controlitis Master puede tener (y contagiar) mucho estrés y padecimientos terminados en "itis" como colitis, gastritis, dermatitis,etc.

Anécdota

Edith planeó su boda con dos años de anticipación, cada semana se reunía cinco horas con su novio y familia para conversar cada detalle: Sería una boda espectacular en una playa mexicana, decidió no contratar a una coordinadora de eventos, pues ella podía encargarse de todo. Después de visitar varias tiendas de vestidos de novias, se compró su vestido ideal, eligió al Obispo de la zona para celebrar la misa, aunque les avisó con un año de anticipación a cada invitado a la boda, las invitaciones llegarían tres meses antes de la fecha y les volvería a llamar personalmente a los ochocientos invitados.

Edith eligió a sus damas de honor y decidió la tela de sus vestidos, el banquetero más prestigiado estaba un poco desesperado después de la tercera prueba de menú, la novia insistía que el pescado olía muy fuerte, que la sopa estaba muy picosa y que la tartaleta de higos estaba demasiado dulce; cinco meses antes de la boda Edith le pidió al novio que bajara de peso y se metieron a clases de baile pues en la opinión de las amigas, su novio Carlos tenía la gracia de Mr Bean para bailar.

El civil sería a las 4 de la tarde y los invitados pasarían a un área con sillones blancos en la playa, la misa luciría como una postal en el muelle, lo que permitiría que su vestido luciera en su caminata al altar, los violines tocarían desde una lancha y sus invitados especiales verían el espectáculo desde un barco anclado a orillas del muelle.

---

148. Juan Pablo Cortés Garza Galindo, psicoterapeuta corporal, en mi proceso psicoterapeutico personal México, D.F. 2009.

Ricardo de la Vega

El fotógrafo y el del video estaban aleccionados de captar el beso de Edith y Carlos exactamente en la puesta de sol al final de la misa, una orquesta se alternaría con un DJ, la sopa se serviría en un medio coco como plato, después del postre, los invitados estarían alrededor de la pista con una velas encendidas en las manos, primero ella bailaría un tango con Carlos, después su canción favorita de la preparatoria, acto seguido, bailarían los papas de los novios, sin excluir en el segundo baile a sus nuevas parejas, para cuando bailaran las damas de honor, la gente tenía que abrir sus frascos con líquido azul para hacer pompas de jabón y al final todos correrían a la playa a soltar globos de cantoya para iluminar el cielo, ella le cantaía al novio una canción y cerraría con una frase *"fuimos creados el uno para el otro desde la llegada del primer cometa"*, cuando Edith dijera dicha frase, el encargado de la iluminación ambiental, apagaría las luces de todo el lugar para que cientos de fuegos artificiales sellaran con besos de luz su amor.

O sorpresa, cuando Edith saco su vestido una semana antes para ponérselo para la boda, había subido de peso cinco kilos y no le quedaba, un modisto tuvo que hacer los ajustes. Carlos había viajado por motivos de trabajo al extranjero y solo asistió a dos clases de tango, cinco de sus damas iban con la tela color morado que ella había escogido, otras dos decidieron hacer sus vestidos por su cuenta y el color de morado tenía una ligera variación de tonalidad, lo que provocó una discusión entre Edith y sus amigas.

El día de la Boda, el Obispo mandó a su representante, el viento había sido muy intenso en esos días y la luna llena hizo que la marea estuviera más alta de lo normal por lo que los sillones del área lunch tenía que colocarse no en la playa sino en la zona de la alberca, el mar estaba un poco picado y la lancha desde la que tocaban los violinistas se movía mucho lo que provoco varios acordes desafinados, Edith tenía los músculos del cuello tensos, su vientre estaba inflado y parecía loca cuando tenía que improvisar ruidos distractores para que Carlos no escuchara los retortijones en los momentos de más silencio de la misa. Carlos no entendía la actitud de Edith ya que no lo había volteado a ver desde que pisaron el altar.

El novio repaso todos los pendientes que le encargo su suegra, claro ese fue el problema, se le olvido a Carlos pagar la renta del barco en el muelle y los invitados tuvieron que presenciar la boda desde un punto distante en el hotel. Carlos no pudo negociar con las nubes y al momento del beso de los novios en pleno atardecer, el cielo estaba oculto tras unos algodones blancos y grises: Todo tiene solución en esta vida, Edith les exigió a los fotógrafos solucionar el problema insertando una puesta de sol como fondo en las fotos. Una ligera lluvia llenó los cocos y el sabor de la sopa quedó diluido, olvidaron poner carpas, pues Edith eligió un mes en que no habían lluvias.

Y sonó el tema tan esperado de la película *"Perfume de Mujer"*[148], el sonido de violines le puso la carne de gallina a la novia, Carlos se agito al escuchar la musica como si recibiera unos toques eléctricos, al ponerse de pie se embarro su traje color hueso con el postre, Edith se adelantó a la pista moviendo la cabeza; Carlos parecía un tartamudo con los pies, se le olvidaron algunos pasos del tango y le piso varias veces el vestido a Edith.

---

149. Perfume de Mujer, "Scent of a Woman" (1992) con Al Pacino, Chris O´Donnel,James Rebhorn, Martin Brest.

Las velas de los invitados se apagaban con el fuerte viento, las pompas de jabón se rompían antes de ser creadas, en el baile de las damas, un tio lejano del novio se puso a bailar con su nieta en brazos y Edith tuvo que sacarlos de la pista, al final del baile, los invitados hacían cola para los abrazos, pero no para felicitar a Edith y a Carlos, llegó de improviso un amigo del suegro metido en las altas esferas del gobierno, la gente se formaba para dar abrazos al político y Edith y Carlos regresaron a la mesa a seguir comiendo la tartaleta de manzana pues olvido el banquetero que la novia había pedido tartaleta de higo, anunciada en las invitaciones como *"La Tartaleta capricho de novia"* un sabroso postre elaborado por la famosa repostera Eva Arguiñano.

Cuando la gente seguía distraída dando abrazos al político, el asistente del camarógrafo de video, bajo el interruptor de luz del lugar para cambiar el foco de una de sus lámparas, el lugar quedó en plena oscuridad y la señal fue interpretada como el inicio de los fuegos artificiales, algunas personas se asustaron pues pensaron que había un tiroteo, al político se lo llevaron de prisa sus guaruras.

Para cuando los invitados reaccionaron para buscar una posición desde donde pudieran verse los fuegos artificiales, los destellos estaban por terminar, la lluvia arremetió en intensidad, los globos de cantoya con la fuerte tromba no pudieron ser encendidos, la novia no estaba de ánimo de pronunciar la frase " Fuimos creados el uno para el otro desde la llegada del primer cometa", en su desesperación Edith se aventó a la alberca con todo y vestido blanco (con valor de 117 mil pesos, hecho a mano con seda blanca y satín de Vietnam *"Bach ngoc xiem"*).

La novia termino un poco tomada y se durmió la noche de bodas, por la mañana no podía dar besos largos pues o besaba o respiraba al estar mormada por el resfrio. Después de un mes de crucero por el mediterraneo y las islas griegas el fotógrafo ya tenía el álbum de piel dificil de cargar y para verlo había que apoyarlo en una mesa; Los del video –de la empresa De la Vega Producciones– tenían lista la superproducción a tres cámaras, con Steadycam y con grúa para lograr tomas tipo cine.

La sorpresa es que Edith y Carlos regresaron de la luna de miel a tramitar su divorcio y ya no hubo entrega de fotos y video. *¿A que reflexión te lleva la historia de amor de Edith y Carlos?* En que momentos de tu vida eres **Controlitis Master** y deseas tener el control absoluto de todo lo que ocurre. *¿Qué consecuencias ha generado en tu vida? ¿Quienes se pueden haber alejado de ti por dicha conducta?*

Si tienes **Controlitis Master** es posible que caigas en la trampa de controlar a las personas en lugar de amarlas y respetarlas. La palabra "Asentir" va más allá de la *"aceptación"* es abrirse a recibir la vida y los acontecimientos tal como son, sin juzgar. La vida se disfruta más cuando fluímos y la dejamos fluir.

De Controlitis Master　　　　　　　　　　　　　　　　　A FocuSER Flow

1　2　3　4　5

8.3.6 Dr. Léctor DiMente

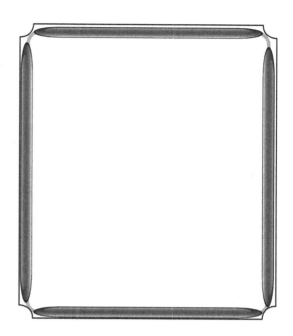

Dr. Léctor DiMente es lo que la PNL llama lectura del pensamiento, se da cuando crees saber lo que otras personas están pensando.

La solución es silenciar tus interpretaciones, dejar de suponer y realizar preguntas para verificar. Por ejemplo, hacer un simple comentario: *"Ahora que estás en silencio, ¿en qué piensas?"* Uno de los cuatro acuerdos que propone el Dr. Miguel Ruiz[150] en su libro es: **TERCER ACUERDO "NO HAGAS SUPOSICIONES".**

Hay una tendencia de la mente a suponer, construimos un mapa en nuestra cabeza y pensamos que es fiel reflejo de la realidad, de nuestras suposiciones hacemos comentarios a otros, y nos mandamos veneno de unos a otros.

Damos por cierto un pensamiento que resuena en nuestra cabeza. Si alguien nos sonríe interpretamos: *"realmente le fascino a esta persona"*, sin clarificar lo que siente.[151]

Es cierto que captar intenciones es una capacidad del ser humano, lo cual nos permite poder seguir el argumento de una obra de teatro, de un libro o una película, adelantarnos a las necesidades de los clientes. Cuando el mesero ve que esta seria la señora frente a su plato de sopa puede suponer que le falta la cuchara y cuando le lleva el cubierto, tenía razón, la señora quería la cuchara para comer; vemos a un niño cabizbajo a la salida de la escuela y sentado en el piso, la maestra se acerca y le dice te sientes triste porque piensas que tu mamá se olvido de pasar por ti, el niño la mira, le sonríe y la abraza.

Hay una gran polémica sobre la Telepatía esa capacidad de podernos comunicar con otro ser humano a distancia sin que intervengan medios físicos o electrónicos como un teléfono. El Dr. Carlos Treviño Becerra[152] definía la telepatía como esa capacidad de comunicación de neurona a neurona entre dos o más personas a la distancia. Y están investigados cientos de casos donde se da la telepatía pasiva, piensas en un amigo al que no ves desde hace meses y suena el teléfono y es él.

---

150. Miguel Ruiz, Los Cuatro Acuerdos, Editorial Urano 1998, pag. 160

151. Miguel Ruiz, Los Cuatro Acuerdos, Editorial Urano 1998, pag. 160

152. Dr Carlos Treviño Becerra, Director de SOMEPAR, entrevistas de Ricardo de la Vega Domínguez, Septiembre de 1985, México, D.FI

El captar intenciones del otro, la posibilidad de la telepatía nos llevan al extremo de creernos el personaje **Dr. Léctor DiMente**, como el actor Mel Gibson en la película *"Lo que ellas quieren"*[153] donde por un accidente al electrocutarse en su bañera con una secador de pelo, sobreviene el milagro de este hombre exitoso en el mundo de la publicidad para poder escuchar los secretos y los pensamientos de las mujeres que le rodean.

Lo que le permite pasar de ser machista y egocéntrico a desarrollar su empatía con las mujeres. *¿Quien tiene la capacidad de leer la mente de otros?* Casos documentados el de Jesucristo en la Biblia.

Se requiere hacer un acto de humildad y ante el silencio del otro, silenciar nuestro **Dr. Léctor DiMente** que se apresura a suponer lo que los demás piensan. Este acto de humildad implica hacer una declaración de *"No se lo esta persona está pensando"*; asumir la propia responsabilidad de las posibles hipótesis que mi mente construye,me hago responsable de los significados que doy a los gestos del otro, el captar la intención detrás de la intención, un espontáneo acto de telepatía.

La solución ante la duda es suspender el juicio en el aire (EPOCHE) y hacer la pregunta inocente para indagar y verificar la información: te veo en silencio y con la cabeza baja, *¿Qué te ocurre?* y damos oportunidad de responder al niño que esta sentado en el piso fuera de la escuela: Es que me robaron mi chamarra y mi mamá me va a regañar cuando se entere.

En una escala del 0 al 5 donde 0 es caer en la lectura del pensamiento de **Dr. Léctor DiMente** y el nivel 5 es tener la capacidad de hacer preguntas de **Tantán Preguntón**, *¿En qué nivel te ubicas?*

153. Película "What Women Want" traducida como "Lo que ellas quieren", dirigida por Nancy Meyers y protagonizada por Mel Gibson y Helen Hunt, Comedia Romántica, Estados Unidos año 2000.

8.3.7 Saturnino Saturitis

Un estado de la mente donde ésta se bloquea al quedar saturada por el consumo de mucha información, como el caso de algunos jóvenes que permanecen horas frente a un videojuego.

La mente queda saturada e intoxicada, como cuando comemos algo que nos indigesta. La mente necesita descansar, distracciones, aprendizaje divertido, dormir para re acomodar la información durante las horas de sueño.

A veces vivimos saturados y enredados como los anillos que rodean a Saturno; dichos anillos están hechos de billones de piezas de hielo, polvo y piedras. Algunas de estas partículas son tan pequeñas como un grano de sal, mientras que otras son tan grandes como un automóvil o una casa.

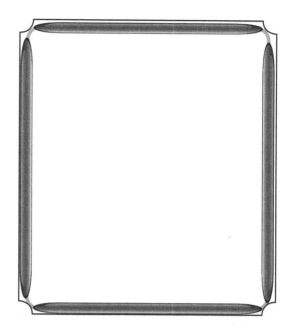

¿Qué ocurre cuando la mente vive como **Saturnino Saturitis**?

La mente se enfrenta a una sobre saturación de información:

1. Sobre saturación de información: Piensa en tu cuerpo, la vida es un caleidoscopio de estímulos y sensaciones; miles de alternativas de alimento para nutrirnos, de opciones para ejercitar nuestro cuerpo. En el gran bufete de la vida, *¿qué escoges?* Lo mismo pasa con la mente, vivimos saturados de mensajes de los medios de comunicación y de la publicidad, cientos de libros por leer, películas que ver, música que escuchar.

Y con el Espíritu pasa lo mismo: miles de personas a quienes amar, alternativas para acercarse a Dios, desde "expos" esotéricas, y caminos diferentes para activar el espíritu, desde rituales con drogas, hasta la alabanza, la oración, las múltiples prácticas culturales de cada religión. Y en la Misión Personal también, cientos de alternativas a qué dedicarse, carreras por estudiar.

Teresa, Ana y Gloria son tres amigas que organizaron una pijamada de viernes a domingo para ver todas las películas en las que actúa el galán George Clooney; vieron doce películas en dos días y medio, desde "Gravity" hasta "Up in the Air". Para el día lunes ninguna de ellas quería saber nada del actor, estaban saturadas y con dolor de cabeza. No encontraban una postura en sus sillas para sentarse a trabajar frente a sus computadoras.

Los maestros que bombardean con información contínua a los alumnos, no consideran los mecanismos de aprendizaje: El cerebro requiere repeticiones mentales de lo aprendido y espaciar la entrada de información. Por eso en los congresos se da un espacio de tiempo entre conferencia y conferencia, para no saturarnos de información.[154]

2. Confundido y enajenado: Tanta información y "probadas al bufete de la vida" nos hacen volcarnos al exterior y vivir enajenados, es decir, nos convertimos en un extraño para nosotros mismos, pues no nos conocemos, ni escuchamos nuestra mente, cuerpo, espíritu y misión personal. La confusión genera dispersión.

Tanta información nos impide asimilarla de forma adecuada y no logramos hacer la digestión de la misma. Algunas personas podemos caer en el "sobre análisis" al observar la realidad, este exceso de análisis distorsiona la realidad misma y obstaculiza el tomar decisiones sabias. Nos quedamos en la reflexión y no pasamos a la acción.

3. Desintoxicarnos: El que tiene la costumbre de saturarse de información y de toxinas mentales, físicas y espirituales va a necesitar un periodo para desintoxicarse. Al cuerpo lo podemos desintoxicar con agua, con vitaminas, antioxidantes, clorofila, con algunos alimentos, haciendo respiraciones. Por ejemplo, la nutrióloga Angeles Diaz[155] recomienda en ayunas un te verde con una cucharada de aceite de oliva, una pizca de cúrcuma y el jugo de un limón.

¿Qué otras alternativas tienes para desintoxicar tu cuerpo, mente y espíritu?

_____

_____

Ejercicio

Convierte el te verde con aceite de oliva, cúrcuma *(aumenta las defensas del organismo)* y jugo de limón en una metáfora para encontrar acciones en otros dominios para desintoxicarte. *¿Cuál sería el equivalente al te verde para desintoxicar tus relaciones?* Podría ser meditar al amanecer en completa soledad.

Desintoxicar el Cuerpo (Bio)	Desintoxicar el Espíritu (Sensus)	Desintoxicar la mente (Mind)	Desintoxicar tus relaciones y tu Misión Personal (BSM MP)
Té verde			
Cúrcuma			
Jugo de Limón			
Aceite de Oliva			

154. Medina, John. "Los 12 principios del cerebro." Editorial Norma. Colombia Julio 2010.

155. Nutrióloga Ángeles Díaz. Puedes encontrar muchos de sus consejos en Facebook: https://www.facebook.com/Nutriologa.Angeles.Diaz/?fref=tsv

Para desintoxicar la mente hay muchas opciones como la herramienta de Mindfulness, que explicamos en el capítulo 10 más adelante. En el aprendizaje, una recomendación es hacer un alto y repasar lo aprendido, reflexionar la información, elaborar un mapa mental, y descartar la información poco trascendente.

Juan Carlos Erreguerena[156] compartió en el **Diplomado** BSM que el cerebro es adicto a la información y le gusta vivir saturado. Nuestro cerebro se vuelve un consumidor de contenidos. A partir de este comentario de Juan Carlos, me puse a reflexionar sobre este tema:

¿Cuál es tu tendencia a consumir información: ¿A que te lleva consumir mucha información de los medios de comunicación, de las redes sociales, al tomar cursos, a hablar mal de alguien?

El problema de tanto consumo de información es quedarnos paralizados sin tomar decisiones. En lugar de crear un hábito y aplicar lo aprendido, la mente se mueve a consumir más información, un círculo vicioso que no nos permite aplicar lo aprendido. Por ejemplo, hay personas que brincan de un curso a otro por esta adicción de la mente y del cerebro.

ADICCIÓN INFORMATIVA DESDE CADA PUERTA BSM
¿Cómo es mi consumo de información desde cada puerta BSM?

Puerta	Nivel de Adicción	Consecuencia	Escuchar
Cuerpo	Saturación sensorial de estímulos visuales, auditivos, olfativos y gustativos. Ejem. la bulimia, a gula, necesidad de estar sobre estimulado en un antro.	Adicción a la comida, al cigarro, a las drogas, al sexo.	¿Escuchas a tu cuerpo? ¿Qué sensación no estoy escuchando? ¿Qué emociones es un teléfono sonando que no contesto?
Espíritu	Cientos de alternativas espirituales y corrientes filosóficas. Bombardeo continuo de grupos espirituales para generar adeptos. Del escsetismismo y rechazo al fanatismo.	Turismo espiritual pruebo pero no me comprometo. Fanatismo Esceptisimo Rechazo	¿Cuál es el llamado de Dios para mi vida? ¿Qué señales divinas no estoy viendo? ¿Cómo puedo escuchar a mi espíritu?
Mente	Bombardeo continuo de noticieros, publicidad, mensajes en los medios de comunicación, en las redes sociales como facebook. De la evación informativa a la adicción a la información	-Evadio -Disperso -Adicto y hay una demanda subliminalde información que no me permite estar en silencio. -Obsesivo	¿Escuchas a tu mente? ¿Cómo puedes establecer? ¿Cómo puedes establecer prioridades? ¿Bajo que criterios? ¿En qué eliges enforcarte?
Misión Personal	Miles de causas y Miles de Talentos, miles de vocaciones y carreras. de DISPERCAUSAS a REBELDE SIN CAUSAS.	-Vivo extraviado. -Sin encontrarle sentido a lo que hago. -Vacío existencial- -Apatía laboral.	¿Escuchas las necesidades de tu comunidad? ¿Descubres tus talentos? ¿A quiénes puedes beneficiar al brindarles un servicio con tus talentos? ¿Qué dones te hacen singular y único?

---

156. Juan Carlos Erreguerena, Directivo de CONOCER, quien ha sido pionero en impulsar las competencias laborales en México y quien cursó en 2013 el Diplomado BSM México, D.F.

Para Desintoxicarnos de tanta información necesitamos aprender a eliminar la alta demanda de *"información SPAM"* en nuestras vidas. Quien tiene claro su para qué en este mundo, puede evitar perderse en las oleadas de información, que ya son tsunamis.

Turismo espiritual:

¿Escuchas a...? ¿Bajo qué...?

¿Escuchas las...? ¿Descubres...?

El olvido también genera alivio; el filtrar la información y olvidarla es un mecanismo natural del cerebro según lo plantea John Medina[157]; olvidar información tiene una intención positiva: no sobrecargar nuestro sistema con tantos datos irrelevantes. El problema es que olvidemos nuestras prioridades en la vida. *¿Cuál es el propósito de mi vida?* Ese es el problema de **los Focussingos** que, al enfocarse en algo, pueden olvidar la mirada sistémica para buscar, por ejemplo, su salud de forma integral.

De disperso e intoxicado a Enfocado

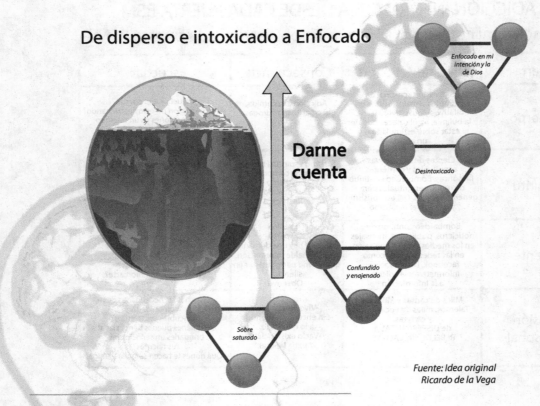

Darme cuenta

Enfocado en mi intención y la de Dios

Desintoxicado

Confundido y enajenado

Sobre saturado

Fuente: Idea original Ricardo de la Vega

157. Medina, John. Los 12 principios del cerebro. Grupo Editorial Norma. 2010 Colombia.

En una escala del 0 al 5 donde 0 es vivir sobre saturado de información y el nivel 5 es consumir información y permitir su digestión mental. *¿En donde te encuentras tú en este momento? ¿Para qué te saturas de información?*
A veces es el miedo a tomar una decisión el que nos lleva a querer más información para posponer una decisión dolorosa o placentera. *¿Qué más necesitas saber para decidirte hoy con la información que ya tienes?*

8.3.8 Chichiculebra

Este personaje representa el "sobre análisis" en el que a veces podemos caer al analizar nuestra relación con el jefe, con nuestra pareja, al analizar un anuncio publicitario, una llamada telefónica, revisar un resultado de laboratorio sin ser médico.

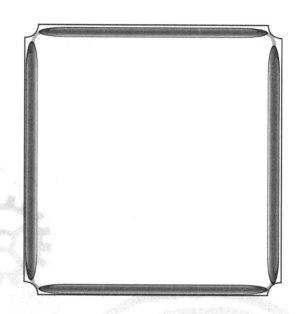

En mi tesis de maestría de Publicidad hice una investigación a fondo sobre el tema de la *Publicidad Subliminal*.[158] Me percaté de la fuerte controversia que despierta el tema en los jóvenes por su vínculo con los mensajes ocultos de tipo sexual; la gran ambigüedad sobre el término, los cientos de rumores existentes y el *"sobre análisis"* en el que han caído muchos investigadores que analizan los vasos con hielos de los anuncios.

En la Universidad y en reuniones me di cuenta que no era el único confundido y con lagunas de información sobre el tema. Los profesores y demás personas con las que intercambié puntos de vista hablaban simplemente de estar a favor o en contra de la *"publicidad subliminal"* o eran simples víctimas de los múltiples rumores que circulan al respecto.

Al realizar una encuesta descubrí que algunas personas afirmaban: *"yo fumo, bebo y tengo sexo compulsivo por culpa de tanto mensaje subliminal en la publicidad". El problema se agudizó cuando encontré que uno de los pocos libros que trataba a fondo el tema es "Seducción Subliminal" de Wilson Bryan Key.*

---

158. Ricardo José De la Vega Domínguez, PUBLICIDAD SUBLIMINAL: La Controversia. Centro Avanzado de Comunicación Eulalio Ferrer. Tesis para la maestría en Publicidad. México, D.F.   7 de noviembre de 1991 Asesor: Mtra Martha Elena Montoya Vélez.

Por desgracia, el autor es sensacionalista y exagerado en muchos de sus postulados sobre los mensajes subliminales y cae con frecuencia tanto en este como en otros de sus libros en un *"sobre análisis"* del mensaje lo que propicia la *CONTROVERSIA* y el incremento de los rumores.

El término *"subliminal"* se ha convertido en las últimas décadas en una palabra de uso cotidiano, la gente la incluye en su vocabulario aunque no conozca bien su significado y, lo que es más peligroso, no la aplica adecuadamente, lo que ha creado una enorme confusión sobre el tema y ha vuelto más compleja la controversia.

Este panorama crítico fue el que me motivó a realizar una investigación documental a fondo y a recopilar opiniones de publicistas, profesores e investigadores sobre la materia, para analizar la controversia y tratar de tener un punto de vista más claro que contribuya a reducir la confusión que impera en torno al tema. Este fue mi tema de Tesis en la Licenciatura de Ciencias de la Comunicación de la Universidad Intercontinental y el tema para la maestría de publicidad en CADEC de Grupo Ferrer.

Para algunas personas *"subliminal"* es sinónimo de percepción inconsciente, mientras que para otras se refiere a la percepción de estímulos que caen únicamente por debajo del umbral absoluto de percepción.

¿A qué se refiere esto? La percepción subliminal en teoría se basa en la utilización de estímulos visuales y auditivos cuya intensidad es inferior a la requerida por el umbral de reconocimiento consciente, *"subliminal "* significa *"por debajo del limen o umbral"*, de tal forma que el organismo responde sin tener conciencia de ello".[159] Esta es la hipótesis.

Pero es más exacto hablar de "sensación subperceptiva", o sea, que el ser humano es muy sensible a ciertos fenómenos físicos, pero no es capaz de hacerlos llegar hasta el nivel de la conciencia.[160]

El Dr. Eldon Taylor nos da la clave para reducir la controversia al plantear la siguiente definición:

> *"Supraliminal: es usada para indicar que algo es perceptible, aunque generalmente no sea percibido por la mente consciente. Asociaciones tales como un político que carga a un bebé, la protagonista de una telenovela que come una bolsa de papas fritas de marca conocida, son ejemplo de percepción supraliminal."* [161]

Hay muchos aspectos de nuestra vida que pueden ser percibidos de forma consciente, es decir, son estímulos "supraliminales"; pero nuestro contexto cultural y nuestro sistema de creencias influyen para que no les prestemos atención consciente.

Otros ven lo subliminal como el ocultamiento de mensajes en los anuncios, al recurrir a figuras ambiguas, por ejemplo, en las nubes, en los hielos, en los pliegues de un vestido, en la arena de un desierto, en el follaje de un bosque, etc.

159. SÁNCHEZ Guzmán, Ramón. "Para Exorcizar a..." Revista Cuadernos de   Comunicación. No. 89 y 90. Enero y febrero de 1983. p. 13-27.

160. MOLES, Abraham, et. al., La Comunicación y los Mass-media. Editorial Mensajero. Primera Edición Bilbao, España. p. 634.

161. TAYLOR, Eldon "Subliminal Learning: an eclectic approach", Printed United States of America Ed. Just Another Reality Publishing, Inc. October 1988. VIQUEIRA, Carmen., "Percepción y Cultura: un enfoque ecológico", Ediciones de La Casa Chata., Primera Edición, México, 1977.

Ricardo de la Vega

Gran parte del análisis de un mensaje oculto puede llevarnos a un *"sobre análisis"* del mismo, de ahí el nombre del Personaje Chichiculebra, es como buscarle Chichis a las culebras, tratar de comprobar si los chalecos tienen mangas.

Pude entrevistar a una especialista en predisposiciones perceptuales, la profesora Carmen Viqueira quien publicó un libro "Percepción y Cultura" [162] ella comprobó que en la percepción de formas ambiguas no sólo influyen las motivaciones internas del individuo (como lo plantean los psicólogos Freudianos); después de un análisis de diferentes investigaciones, propuso la hipótesis de que existen diferencias interculturales para darle significado a pruebas proyectivas y en particular a las formas ambiguas del Test de Rorschach; las diferentes interpretaciones a las figuras dependen de las diferencias culturales y de la interacción de los individuos con un medio ambiente determinado.

Por lo que tanto el análisis de un mensaje publicitario, de una película, de un discurso político, de un cuadro artístico, está influido por factores culturales, lo que predispone nuestra percepción para dar ciertos significados y poder rebasar una frontera delicada entre el "análisis" y el "sobre análisis".

En la sala de espera de un consultorio médico,¿Qué puede significar un cuadro artístico con manchas modernistas? para unos niños que no han comido pueden ver en los trazos psicodélicos unas galletas de chocolate, una señora deprimida puede ver una calavera y una novia -cuya boda está cercana- puede ver la playa donde va a pasar su luna de miel.

Después de mucha investigación, pude indagar que lo que sí existe en el ser humano es una percepción inconsciente de muchos estímulos, por lo que es necesario introducir otro concepto que con frecuencia se confunde con "subliminal" y es la "subcepción":

El Dr. Eldon Taylor define la "subcepción" como: algo que ordinariamente no es perceptible por la operación de algún mecanismo de defensa. Pues ocurre que percibimos y al defendernos del estímulo pasa directo a la mente inconsciente.[164]

A esto se le llama **Defensa perceptual**: Los mecanismos de defensa perceptual explican por qué las personas algunas veces no pueden reconocer conscientemente lo que ven.[165] En especial, el mecanismo de defensa conocido como **represión** protege al individuo de las percepciones y recuerdos que le provocan ansiedad. Por ejemplo, una señora puede ver en una fiesta a su hijo fumando, bebiendo y dándose besos con otro muchacho y la información ser tan inquietante para ella, que puede salir de la reunión y reclamarle al hijo que le fue a buscar y nunca lo vio en la fiesta.

También diría que dentro de la subcepción podemos considerar los **mensajes ocultos** dirigidos al subconsciente, pero no son subliminales ya que pueden encontrarse a simple vista con una actitud de búsqueda; por ejemplo, las formas ambiguas en los hielos, simbolismo, algunos mensajes publicitarios (Publicidad integrada en las películas[166] donde el protagonista utiliza una marca comercial que puede pasar inadvertida.

162. VIQUEIRA, Carmen., "Percepción y Cultura: un enfoque ecológico", Ediciones de La Casa Chata., Primera Edición, México, 1977.
163. Manual TEST DE RORSCHACH Pruebas Proyectivas SICC 644
Profesores Ps. Raquel Badilla Rodríguez, Ps. Cristián Jorquera Donaire. Basado en el test de Hermann Rorschach. Puedes descargar el PDF en: http://blog.bettyboop.cat/wp-content/uploads/2013/11/Manual-Test-de-Rorschach.pdf
164. TAYLOR, Eldon "Subliminal Learning: an eclectic approach", Printed United States of America Ed. Just Another Reality Publishing, Inc. October 1988.
165. TAYLOR, Eldon "Subliminal Learning: an eclectic approach", Printed United States of America Ed. Just Another Reality Publishing, Inc. October 1988.

¿Cómo es posible percibir algo que creemos no haber percibido?

La percepción inconsciente no tiene por qué asociarse con algo negativo, es un proceso natural en el hombre, ya que nuestro medio ambiente está lleno de estímulos que son registrados en el cerebro sin que la persona esté consciente de ellos. En la actualidad el Neuromarketing ha avanzado mucho sobre el impacto de los mensajes publicitarios en el consumidor.

Aunque toda percepción subliminal va dirigida al inconsciente, no toda percepción inconsciente es subliminal. *"El sobre análisis"* en el tema se da cuando caemos en la confusión y pensamos que todo mensaje que escapa de nuestra consciencia es subliminal:

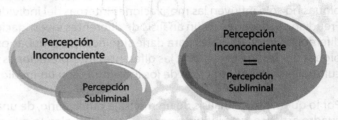

Veamos un ejemplo de *"sobre análisis"* (personaje *Chichiculebra*) en los que incurre el autor Wilson Bryan Key: El profesor Key afirman que la utilización de símbolos por la publicidad es una técnica de tipo subliminal, ya que con frecuencia los medios de comunicación y la publicidad recurren al simbolismo genital, que puede ser de dos tipos: el fálico, en el que se incluyen corbatas, flechas, astas de banderas, lápices, puros y cigarrillos, velas, palos de escoba, serpientes, etc.; y los símbolos vaginales representados por objetos de corte redondo o elíptico, labios, hebillas de cinturones, manzanas, etc.

La unión sexual puede representarse -por ejemplo- por una llave introducida en una cerradura.[167] Aunque existe el uso de símbolos en la publicidad. Desde mi punto de vista personal y es mi interpretación, este es uno de los errores en que incurre Key cuando aborda el simbolismo; olvida los factores culturales y la experiencia individual que rompen con un significado estático.

En la interpretación de los sueños se ha cometido el error de limitar el significado de las situaciones y los objetos, olvidando factores interculturales y variables de la vida personal del que sueña. Así por ejemplo, algunas de las interpretaciones populares consideran que soñar con unas uvas simboliza el deseo de casarse; ver sal significa reunión de personas queridas; soñar con una rodilla anticipa próxima calvicie; una rana representa matrimonio por dinero; una playa, placeres mundanos; una pelota se relaciona con un negocio que llegará a buen fin; la nieve simboliza fidelidad; soñar con náuseas significa próximo embarazo; unas fresas simbolizan un pequeño desliz; un enano es interpretado como rival despreciable.[168]

Y podríamos citar otras interpretaciones populares en las que se generaliza el significado de las cosas. No debemos olvidar que el significado depende de factores demográficos, psicográficos, estilo de vida y en especial de los convencionalismos sociales, de tal modo que no podemos encasillar a un objeto o a una palabra en un solo significado, ya que existe la polisemia, o sea que una palabra o imagen puede tener diferentes significados en relación con la cultura, las experiencias personales y las interacciones sociales.

---

167. KEY, "Seducción Subliminal". Op. Cit., p. 100.

168. MORENO, Op. Cit., p. 137-240.

Ricardo de la Vega

Por ejemplo, en Estados Unidos el antojo que tiene una mujer embarazada se puede simbolizar con la imagen de unos pepinillos junto a un helado; en México quizá sean más simbólicas y representativas unas fresas con crema.

Yo (Ricardo De la Vega) hago de la terapia una aliada para mi salud mental, pues es mi responsabilidad estar en óptimas condiciones para facilitar procesos grupales y dar sesiones de Coaching.
Y acepto con humildad que a veces caigo como el personaje **Chichiculebra** en el *"sobre-analisis"* pues lo aprendí de mi tía Pepa, la hermana de mi madre.

Anécdota

Cuando éramos adolescentes y mis papas estaban de fin de semana fuera de México, mi tia Pepa llego en un taxi de la mano de mi hermana, tocaron con desesperación el timbre y empezaron a gritarnos a mi y a mi hermano, abran la puerta, abran la puerta. Cuando entraron se dirigieron a inspeccionar toda la casa en busca de mujeres, *"¿donde están las mujeres?", "¿donde las esconden?,* clarito en el teléfono se escuchaban sus risas y sus gritos, dijo enojada la Tía Pepa.

La escena era chusca, un grupo de amigos vestidos con diferentes camisetas del mundial -reunidos para ver uno de los partidos de la final- en pantalones cortos, todos en silencio respondiendo al indagatorio judicial de la tia. Pepa, le respondimos, no hay mujeres, estamos reunidos para celebrar el mundial; los ruidos al teléfono venían de la televisión. Ante la evidencia, la tia Pepa continuo con su "sobre analisis" revisando los botes de basura, los closets, las regaderas, el cuarto de servicio, en el interior de los coches y apesar de no encontrar nada sospechoso; nos reportó con mi madre y mi padre.

En una conversación con mi amigo Juan Carlos Erreguerena para decidir temas de vida, me retroalimentó sobre mi facilitad para caer en el "sobre análisis" de una situación. Primero me saturo de opiniones que pido a muchas personas, como si fueran expertos en mi vida; después me quedo rumiando los pensamientos en una reflexión mental que no termina y dejo de contactar mi sabiduría interior.[169]

Juan Carlos me compartió varias frases bíblicas para comprender la necesidad del hombre de reposar su mente:

" Estad quietos y sabed que Yo Soy Dios".
"Guarda silencio ante Dios y espera en Él."
"Porque en Él vivimos, somos y nos movemos." (San Pablo)
"La imaginación es la loca de la casa."[170]
"El Espíritu sopla por donde quiere."
"Fuera de Dios todo es Zapping."[171]
"Hay Esperanza desde el No análisis, desde la intuición, desde escuchar la palabra de Dios".[172]

---

169. Juan Carlos Erreguerena, Directivo del CONOCER, conversación agosto de 2014. México, D.F.
170. La imaginación es la loca de la casa. Frase atribuida a Santa Teresa de Ávila que nació en España en el año 1515. No se refiere a la imaginación creativa la cuál es un recurso. Se refiere a discurso mental que no acaba, donde brincamos de un pensamiento a otro; El famoso zapping mental del que he hablado en este libro.
171. Juan Carlos Erreguerena, Op. Cit.
172. Ibidem.

Una florecita no se está preguntando ¿cuánto tiempo me queda de vida?, una flor no *"sobre analiza"*, simplemente vive, no piensa en su naturaleza frágil, asume su existencia y vive con alegría esparciendo su aroma día a día.

Eso le permite crecer en condiciones extremas como en la grieta de una calle, sin el temor a ser pisada. Por desgracia, un agujero negro en el caemos los seres humanos -y vuelvo a reconocer que yo he caído muchas veces- es el del sobre análisis del personaje **Chichiculebra**.

Para evitar el *zapping mental* y el sobre-análisis, te propongo la siguiente actividad que busca conectarte con tu sabiduría interior: Haz un ayuno mental para **NO** sobre pensar las cosas, suelta el exceso de análisis.

Puedes ponerte en una posición cómoda y repetir una frase como *"me permito reposar mi ser interior en Dios,"*[173] ya que la mente revolotea como abejas en un panal y no te permite disfrutar la vida y poder tomar buenas decisiones. Se trata de **ESTAR**, simplemente **ESTAR** con Dios o sintiendo la vida en tu interior.

Ejercicio

En una escala del 0 al 5 ¿como está tu nivel de sobre analizar los mensajes y *"buscarle mangas al chaleco"* como lo hace el personaje **Chichiculebra**?

Nivel 0 es el nivel de **Chichiculebra** (sobre análisis). Nivel 5 es el nivel de **Mirotalcuatl** (ver las cosas tal como son)

De Chichiculebra
A Mirotalcuatl

1   2   3   4   5

173. Edelen, Patricia, Psicoterapeuta, septiembre de 2014. México, D.F.

Ricardo de la Vega

8.3.9 Celotes Popcorn

Muy relacionado con **Chichiculebra** existe su primo el Personaje **Celotes Popcorn**, otro agujero negro, el famoso "Sindrome de Otelo", la emoción llamada "Celos", un pico emocional que nos puede llevar a inventar historias sobre nuestra pareja y a dañar la relación.

El cerebro emocional responde igual ante la imagen real que perciben nuestros ojos, como ante una imagen inventada por un ataque de celos.

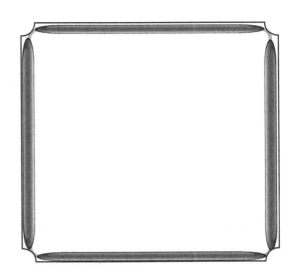

Celotes Popcorn, se cuenta cada cuento en su cabeza, hace suposiciones que lo transforman en maíz reventado, sus propios pensamientos roban su energía física y mental y con tanto pensamiento en automático se puede escribir el guión de una película o telenovela.
Si la persona sigue cayendo en confundir el hecho real con una imagen mental imaginada puede caer en una psicosis. ¿Del 0 al 5 en que nivel estás?

De Celotes Popcorn   A Mirotalcuatl

1   2   3   4   5

8.3.10 JAMASITA TODOLA NADIEN

Este personaje representa cuando caemos en sobregeneralizar, todos, nunca, nadie, jamás, etc. *"Nadie me quiere"*, *"todos los hombres son iguales"*, *"Nunca has tenido detalles conmigo"*, *"Siempre me ocurre lo mismo en mi trabajo"*, etc.

La programación Neurolingüistica brinda muchas herramientas para salir de la Generalización, como ejemplo está el Metamodelo o Modelo de precisión.

Ejercicio

Al percibir la realidad y comunicarnos las personas caemos en tres procesos que son naturales: Eliminamos información, distorsionamos y generalizamos. Busca lo referente a las violaciones al metamodelo y que preguntas te pueden ayudar a ser más claro en tu forma de comunicarte con los demás y precisar y verificar a que se refieren los otros cuando te comparten sus vivencias.

Observa tus palabras cuando te comunicas, lleva un diario de cuales son las generalizaciones que realizas al hablar: *"Todos son…"*, *"Nadie me respeta"*, *"Jamás te he dicho eso…"* *"Siempre haces lo mismo…"* *"Ninguno quiere apoyarme"*

Identifica la frase con palabras como (Todos, nadie, siempre…)	Generalización emocional (enojo, tristeza, miedo, etc.) que son confusos. Pues no sabes que lo proboca	Descubre la Metáfora que tu mente inconsciente lee textual	¿Con quien específicamente sientes esa emoción?	Pasa de la PERSONA a su CONDUCTA específica, sin poner etiquetas, describe el hecho observable:
"Nadie me respeta"	Resentimiento generalizado	"Todos pisotean mis derechos como si yo fuera una cucaracha"	"Estoy resentid@ con Ramón"	"Ramón, en esta plática, cuando quiero expresar una idea, me interrumpes"

Ejercicio

¿Con que frecuencia caes en generalizaciones? Tradúcelo en un indicador numérico del 0 al 5.

De Jamasita — A Mirotalcuatl

1   2   3   4   5

8.3.11 Mentireta

Mentireta es un personaje que representa ese hábito de decir mentiras; un agujero negro que roba tu energía. Cuando mentimos, nuestro cuerpo lo sabe y baja nuestra resistencia muscular.

Para sostener una mentira se requiere un esfuerzo adicional, tal vez decir otras mentiras. Imagínate a **Mentireta** en Facebook: Quiere aparentar lo que no es, por lo que recurre a unas fotos de una conocida en Australia, una mujer muy atractiva llamada Wendy.

Ricardo de la Vega

Mentireta sabe que a Wendy no le gusta Facebook, por lo que se le hizo fácil usar su foto como perfil. Ahora **Mentireta** tiene varios admiradores en la red y uno de ellos, que dice estar muy enamorado de ella, quiere verla. **Mentireta** ha tenido que poner más fotos de su amiga Wendy en su página, ha pospuesto el encuentro inventando muchos motivos.

¿Cómo crees que termina esta historia de amor? La verdad y la honestidad son atajos que a veces no utilizamos para vivir una vida de forma más simple y sin tanto desgaste.

Descubre *¿Cuál es tu necesidad no expresada cuando dices una mentira? ¿Existen las mentiras piadosas?* Cuando descubras que alguna persona te dice una mentira, en lugar de ponerle la etiqueta de *"Eres un **Mentireta"***, descubre que necesidad lo lleva a comportarse contigo de ese modo.

A veces, el temor puede ocasionar que no hablemos con la verdad.

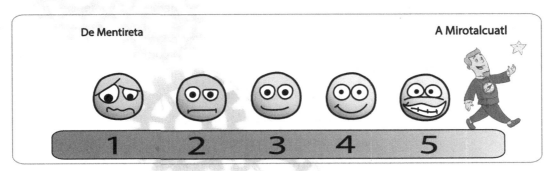

8.3.12 Los Aburris

Los Aburris representan a esas personas que se aburren con facilidad, aburrirse puede afectar cualquier actividad que realizamos; imagínate hacer el amor aburrido, platicar aburrido, jugar con los amigos, ir a la escuela con aburrimiento.

Dicha emoción puede afectar nuestro sistema BioSensusMind y cerrar nuestras posibilidades. Puede ser tan nocivo que destruye matrimonios, amistades, genera hartazgo en el trabajo.
Ya que a la mente tiene una necesidad de apren-

der de forma divertida, abrirse a nuevas aventuras.
El éxito en el matrimonio consiste en "enamorarse varias veces… de la misma persona".
Los aburris son víctimas de su propio aburrimiento, ya que no necesitamos nada externo para encontrar un espació para sentirnos plenos.

Algunos jóvenes viven el presente de manera aburrida. Necesitan experiencias muy intensas, requieren la sobre estimulación sensorial, un concierto de violín o la platica del abuelo puede ser un evento que les da sueño. En cambio necesitan entrar a la película 4D. *¿Has vivido la experiencia del cine 4D?*

Anécdota

Fuí con mi sobrino Javier a ver una película de superhéroes en donde los asientos se mueven, vibran, cuando el actor da un golpe, se replica el puñetazo en mi espalda, este tipo de cine busca generar una profunda inmersión del público en el ambiente de la película, se replican en la sala condiciones como la neblina, el frío , el calor, el viento, olores.

En lo personal el cine 4D es una experiencia extrema divertida pero he salido mareado de la función.

Se olvidan los productores que sugestionar a la mente humana es más simple. En algunas películas clásicas de suspenso, no necesitan que se muevan los asientos para generar en la audiencia un trance hipnótico.

Por desgracia, nos acostumbramos al nivel de volumen del Antro de moda y deja de atraer la atención una persona que nos lee un libro, después de jugar un videojuego con la ultima tecnología de realidad virtual *¿qué alumno puede prestarle atención al profesor de sesenta años?*

¿Eres feliz con lo que tienes? [174]

¿quién te dice que va a ser feliz con lo que aún no tiene?

¿Las rutinas de vida nos agobian?

¿Tu lenguaje corporal y tono de voz dicen algo contrario a tus palabras?

¿Te desinflas ante cualquier contrariedad insignificante?

Los Aburris (y está en plural) se refiere a que no pueden ni saben estar solos consigo mismos, necesitan estar en compañía de otros pues su creencia es que sus emociones dependen de factores externos y de las acciones de terceros. Se salen de la Zona de Poder que plantea Michael Hall en MetaCoaching[175]:

"Soy responsable de lo que pienso.

Soy responsable de lo que siento.

Soy responsable de lo que digo.

Soy responsable de mis acciones."

Las frases preferida de **Los Aburris** es *"Me estas aburriendo" "Me largo a otro lado para divertirme".*

Recuerdas alguna otra frase que dices cuando estás aburrid@?

---

174. Comentario de Rodrigo Vargas Hurtado de Mendoza, diciembre 2012, México, D.F.

175. Certificación como MetaCoach con Michael Hall, Omar Salom y José Merino.

Los Aburris olvidan que cada quien es responsable de sus propias emociones. Se vale decir: *"Me estoy aburriendo con está actividad que estamos haciendo, necesito hacer algo diferente, ¿Podemos buscar juntos otras alternativas?*

En ese momento **Los Aburris** se convierten en **DiverChidos**, que asumen la responsabilidad de su propio tiempo de ocio para administrar su tiempo libre a su favor. Así de claro, aunque tengas 17 años puedes parecer una persona postrada en una cama en estado vegetativo cuando te sientas durante horas frente a la televisión, necesitando transfusiones de entretenimiento.

Descubre *¿Qué es lo que más te aburre en la vida? ¿Cómo lo puedes transformar en una experiencia divertida?* Por ejemplo, para mi (Ricardo) el manejo de mi asuntos contables me aburre, lo delego en un contador público y para administrar mejor mis gastos personales cuento con una aplicación en mi celular que de una forma amigable me acompaña a registrar mis ingresos y egresos.

¿Qué es lo que más te aburre?	¿Cómo puedes transformar esa actividad en divertida?	¿Cómo le hacen otros para encontrar diversión en eso que a ti te aburre?	¿Cuáles son otras alternativas de entretenimiento?
Ejemplo: Lavar los platos del desayuno	"Escuchando música y moviendo el cuerpo cuando lavo los platos."	Algunas familias trabajan en equipo: Lavan los platos en familia. Uno remojan, otros enjabonan, otros secan, otros guardan.	

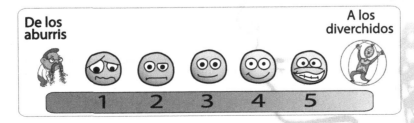

8.3.13 T-CoaCHINGA

Estoy muy agradecido con esta nueva profesión que es el Coaching, agradezco a los Coaches que han acompañado mi camino de crecimiento, José Merino, Omar Salom, Adrian Cottin, Rocio Diaz Tapia y en especial al Dr. Luis Jorge Gonzalez, OCD, quien me ha modelado como amar esta vocación de servicio a los demás, con su escucha empática, el manejo de los silencios, las preguntas en plural para abrir posibilidades.

El Dr. Luis Jorge Gonzalez trajo a México El Coaching Cognitivo[176] el cual es una metodología muy respetuosa del ser humano, de los recursos propios de cada personas para encontrar sus propias respuestas y soluciones, de su libertad.

El *Coaching Cognitivo* no es dar consejos o solucionar los problemas de otros, es proceso conversacional de mediación y acompañamiento para que las personas generen un aprendizaje autodirigido. El *Coaching Cognitivo* está muy enfocado para acompañar a alumnos y docentes a optimizar sus procesos de aprendizaje y enseñanza.

> *El LENGUAJE GENERA POSIBILIDADES NUEVAS*
> *Y NOS LANZA A LA ACCIÓN.*
>
> Ludwig Wittgenstein

Hay muchas modalidades de *Coaching* según los objetivos de cada intervención y el para qué del cliente:

Ya mencionamos el *Coaching Cognitivo* cuyo objetivo es generar en alumnos y docentes un entorno de aprendizaje con base en la reflexión, el respeto, la empatía, la escucha centrada en el otro, el manejo de los silencios para que las personas logren sus metas y aprovechen todo su potencial.

El ***Coaching Ejecutivo***[177] es un acompañamiento (uno a uno) donde un Coach Certificado funciona como un espejo conversacional para escuchar, preguntar, retroalimentar, dar seguimiento a los objetivos y tareas del Coachee para descubrir el sentido de sus acciones en el trabajo y mejorar su desempeño, al incrementar su capacidad de acción con base en sus objetivos personales y laborales.

---

176. Arthur L. Costa and Robert J. Garmston. Profesores eméritos de Educación, California State University, Sacramento CA, Creadores del Coaching Cognitivo. Center for Cognitive Coaching. Mis primeros acercamiento a esta profesión fueron en el año 2003.

177. Certificación como Coach Ejecutivo con José Merino y Omar Salom.

Ricardo de la Vega

El **Coaching de Equipos** es un acompañamiento a los equipos en sus reuniones de trabajo reales; donde Coaches Certificados en Team Coaching acompañan al equipo para que se auto-observe al espejo de una forma sistémica, conversen de lo que no están conversando y aprendan a mejorar en su desempeño con vistas a lograr su objetivo común. Las preguntas en Team Coaching están dirigidas a todo el equipo y no a una persona en particular.

La diferencia entre el **Coaching de Equipos** con el **Coaching Grupal** [178] es que se da un seguimiento de Coaching a cada persona pero en un contexto de grupo. Cada quien tiene sus propios objetivos y son acompañados por un Coach, el grupo se abre a compartir experiencias, aprendizajes así como los impedimentos para seguir avanzando; es un proceso respetuoso donde los compañeros son espejos de mi propio proceso, se genera una predisposición positiva cuando otros comparten las acciones que los llevan a pasar de un estado actual a un estado deseado.

El **Coaching de vida o personal** es un proceso conversacional que busca facilitar el desarrollo potencial de las personas para alcanzar objetivos coherentes y cambios en profundidad. En este proceso, el coach ayuda a las personas a esclarecer sus metas, a trabajar en su rueda de la vida en sus diferentes áreas y a ponerse en camino para alcanzarlas.

El **Coaching Ontológico** de Rafael Echeverría[179] es un proceso de aprendizaje para transformar el tipo de Observador que somos y cambiar los principios que constituyen nuestra persona para determinar así las acciones que podemos llevar a cabo para "operar" en el mundo. Somos seres conversacionales y nuestras acciones nos definen y construyen nuestro ser.
Conversar es el arte de modificar lo posible a través de actos lingüísticos con otro u otros seres humanos, en cada conversación se abren y cierran puertas. Cuando hablamos no solamente describimos una realidad existente; también actuamos.
El lenguaje es acción. El lenguaje no es inocente, tiene un propósito, una intención y acciones concretas. *¿Cuál es la intencionalidad en esta conversación? ¿Para qué escuchamos?* Las palabras muestran quienes somos. Nos narramos con las historias que contamos.

El **MetaCoaching** y la **Neurosemántica** de Michael Hall, es una propuesta con diferentes modelos de intervención que enriquece la intervención de un Coach para trabajar con los significados y creencias tóxicas de sus clientes.

---

178. Coaching Cognitivo Grupal, Certificación con el Dr. Luis Jorge Gonzalez y Jenny Edwards. México 2008.

179. Coaching Ontológico, Rafael Echeverría.

Vivimos en REDES CONVERSACIONALES con los demás y con nosotros mismos: Una empresa, una familia, un equipo de trabajo, un grupo de aprendizaje son redes conversacionales. Dependiendo de la calidad de sus conversaciones va a ser la calidad de sus vida y de su desempeño.[180]

Hay otras modalidades como el *Coaching Sistémico*. A diferencia de otros tipos de coaching donde el bienestar y la capacidad de actuar del cliente son los criterios del éxito y la atención se enfoca en la persona que recibe el coaching, en el coaching sistémico el criterio del éxito es el bienestar de todo el sistema.
Desde este enfoque, el pensamiento sistémico trabaja con toda la información disponible, ya sea racional, cognitiva, intuitiva y/o emocional del equipo (sistema).

Hay otros enfoque como el *Health Coaching*, el *Coaching Tanatológico*, el *Coaching Deportivo*. En general, los diferentes tipos de Coaching comparten herramientas y competencias del Coach: Como su capacidad de escucha activa, su empatía, dar y recibir retroalimentación, generar rapport con un lenguaje corporal y tono de voz que genere confianza, con el poder de sus preguntas, poder especificar los objetivos de su cliente, partir del KPI de la sesión, apoyar y confrontar a su cliente frente a un espejo.

Cada vez se establecen mayores estándares para ejercer la profesión como Coach. Por ejemplo los del CONOCER, donde un Coach puede certificarse en su desempeño y con base en sus conductas observadas durante un proceso de Coaching. El Coach es observado, evaluado y retroalimentado. Y al final se verifica si cuenta o no con las competencias necesarias para dar un proceso de Coaching.[181]

Coaching Coercitivo: Por desgracia, como en cualquier otra profesión existe lo que se ha llamado el *"Coaching Coercitivo"*. Donde se pasa por alto la frase que John Powell vio en el letrero de una señora que decía: *"Ten paciencia conmigo Dios aun no termina su obra en mi".*

El *Coaching Coercitivo* pasa por alto que somos personas en proceso de ser personas y que los mangos verdes no maduran por meterlos al horno de microondas. Los programas de *Coaching Coercitivo* se originaron en Estados Unidos en la década de los sesenta.
En latinoamericano la principal rama del "coaching coercitivo" viene de Argentinaworks[182] se caracterizan por ser grupos donde no se respeta la confidencialidad de los participantes, donde lo privado se vuelve público, se busca llevar al participante a lograr cambios *"extraordinarios en su vida", "romper con creencias limitantes a los ojos del Coach".*

---

180. Omar Salon en las Certificaciones de Coaching Ejecutivo y de MetaCoaching

181. CONOCER organismo de la SEP para el Establecimiento de diferentes Estandares de Competencia. Beatriz Paz dirigió todo el proceso para orquestar este esfuerzo del Conocer con diferentes personalidades del Coaching en México. Y ella pudo observar mis procesos de Coaching para obtener mi certificación como Coach en el Conocer.

182. Resnik, Federico (24/04/2003). «Argentina Works, crónica de un negocio sectario». Consultado el 11 de septiembre de 2015. En México es Mexworks.

Aunque esto implique cambios fuertes en sus vidas sin el apoyo psicológico necesario, pueden quedar los procesos abiertos y las personas se tornan vulnerables y manipulables. Se le involucra a los participantes en enrolar a otras personas a inscribirse en los seminarios y el grupo ejerce presión para que se logre tal objetivo.

A diferencia de otros procesos de Coaching, en el Coaching Coercitivo no se promueve la autonomía de la persona, se genera dependencia emocional del grupo y del Coach. A muchos participantes les funciona un método de confrontación para lograr sus objetivos. Sin embargo, hay muchos testimonios de personas que han perdido el piso cuando se tocan sus valores existenciales y se reinterpretan los mismos de forma arbitraria.

"Explican los psicólogos en desarrollo humano que algunas de las técnicas que se emplean en los talleres son conocidas como de "choque" es decir, que se rompe con la estabilidad mental de la persona para moldear su forma de pensar y de actuar en función de lo que los líderes consideren adecuado". [183]

Las personas que estamos interesados en ayudar a otros, en acompañar su desarrollo humano y su desempeño laboral, primero tenemos un compromiso con nuestro propio crecimiento. Para ser psicoterapeuta además de tener contar con actitudes básicas que plantea Carl Rogers[184]: el ser auténticos, congruentes (entre lo que se piensa, dice, siente y hace), ser empáticos, comunitarle al paciente nuestra comprensión empática, lograr ser aceptantes del otro no enjuiciadores.

El Logoterapeuta Grupal y de procesos Sistémicos Enrique Garcia[185] destaca la importancia de que Coaches y psicoterapeutas hagan su trabajo desde *"Centro Vacío"*. Un Coach o psicoterapeuta no puede llegar con expectativas sobre su cliente, antes de iniciar su sesión de trabajo requiere, vaciarse de conceptos, de juicios, de interpretaciones de su propia historia, predisposiciones perceptuales, de su propia historia, libre de ansiedad y de engancharse en un espejo proyectivo con el cliente.

Los que nos dedicamos a dar Coaching y trabajamos en el desarrollo humano, psicoterapia, enfermeras, médicos, sacerdotes, podemos ser un número dos en el Eneagrama de la Personalidad, lo que significa que somos *"Ayudadores"*, nos gusta ayudar a los demás y sentirnos imprescindibles pues necesitamos sentirnos necesitados, un dos que no ha trabajado su sombra, puede descuidando nuestras propias necesidades para complacer a otros. Desde la máscara del número dos, da para ser querido, para recibir amor. Y podemos caer en la codependencia y en una manipulación encubierta de aquella persona a la que apoyamos.
Cuando sanamos nuestro eneatipo dos: somos empáticos, compasivos y altruistas, no necesito complacer para recibir amor.

183. Miguel Perlado "Los Daños del Coaching Coercitivo", 2 de abril del 2013 basado en La Razón (México), Daniela García 2/04/2013 Visitar http://www.hemerosectas.org/lgats-2/

184. IHPG Enfoque Centrado en la Persona. México, D.F.

185. Enrique García, en Certificación de Manejo de Grupos desde diez enfoques con Cuca Valero, México, D.F., 14 de junio 2014

El Personaje **T-CoaCHINGA**, se refiere a esas personas que ofrecen su ayuda, y pueden caer en un exceso de empatía a otros (lo que se conoce como simpatía) y caen en la codependencia; o también se da el caso de poco nivel de empatía, una pregunta indagatoria sin empatía es como un cuchillo que incomoda, algunas preguntas pueden ser dirigidas, lo que implica que encierran una respuesta o posible solución, ya que **T-CoaCHINGA** no establece una relación adulto-adulto, se siente superior pues colecciona certificaciones y diplomados que lo avalan. **T-CoaCHINGA** sin darse cuenta manipulan aunque su intención positiva sea ayudar.

Cuando un Coach o psicoterapeuta no se entrena a tener la mirada de **Mirotalcuatl** interfieren en el proceso de desarrollo de los demás.

¿Te ha ocurrido que vas con un Coach y le platicas tu problemática y termina por darte consultoría y consejos?

¿Has vivido un acompañamiento psicoterapéutico en donde quien te apoya termina por interrumpirte con sus soluciones? como *"ya salté de ese trabajo""mejor cambia de pareja", "yo en tu lugar invertiría mi dinero en este negocio".*

El personaje **T-CoaCHINGA** olvida poner su escucha al servicio de su cliente, cae en varios tipos de escucha que son agujeros negros y que se plantean en el **Coaching Cognitivo**: la escucha biográfica (de lo que hables regreso a platicar de mi) la escucha enjuiciadora (califico e interpreto lo que dices, te pongo etiquetas), escucha solucionadora (en lugar de escuchar, mi ansiedad me lleva a darte soluciones), la escucha curiosa (mi foco está en hacer pregunta desde una curiosidad personal más que profesional, la persona platica de su último viaje a Europa y el Coach le pregunta precios, hotel donde se hospedó, si conoció a alguien, si le puede recomendar algún restaurante para cuando él vaya) la escucha bromista (cualquier comentario del cliente es tomado para hacer bromas)

¿Qué otros tipos de escucha conoces que se distorsiona el mensaje recibido?

La escucha necesita ser activa y estar centrada en el otro, comprender el asunto central que lo trae a la sesión de **Coaching**, como se está sintiendo la persona, que es lo que realmente quiere, que le impide lograr sus metas.

T-CoaCHINGA tiene una intensión detrás de la intensión de ayudar. Puede buscar que su cliente que platica de sus problemas financieros entre en un sistema multinivel de ventas, que se divorcie y se case con un amigo, que se eternice en su proceso terapeutico, que logre expectativas que son del Coach o del psicoterapueta y no nacen del propio cliente, etc.

Robert Dilts[186] menciona que un Coach puede intervenir en diferentes niveles neurológicos con su cliente, por ejemplo estudiante universitario que quiere mejorar en sus estudios:

Ricardo de la Vega

El Nivel 6: es el del entorno, es lo que rodea a la persona, su ambiente, ¿Dónde estudias? el alumno puede comentar, estudio en la cafetería donde hay poca luz y ventilación y mis amigos fuman.

El Nivel 5: El Comportamiento o conducta: se refiere a las acciones y comportamientos específicos, ¿Qué estudias? me preparo para abogado, leo el periodico digital cada mañana, trabajo en una firma de abogados por la tarde.

El Nivel 4: Las Capacidades: se refiere a ¿Cómo lo hace la persona? no tengo mucha retención y me va mal en los exámenes, estudio un día antes del examen por la madrugada y para no dormirme tomo cafe y pongo la música a todo volumen.

El Nivel 3: Creencias y Valores: ¿Por qué estudias para abogado? Mi tio es abogado, los abogados son importantes y ganan mucho dinero. es que me interesa defender a las personas que son encarceladas de forma injusta.

El Nivel 2: La Identidad: ¿En quién te conviertes al titularte como abogado? ahí la persona puede quebrar la voz y contar un chiste: ¿En qué se parecen los abogados y los plátanos? en que no hay ninguno derecho.
Esta creencia por si sola puede obstaculizar el desempeño del alumno.

El Nivel 1: es el más profundo tiene que ver con la misión y propósito de lo que hacemos. ¿Para qué lo haces? es que me interesa defender a las personas que son encarceladas de forma injusta.

Cuando trabajamos con la mente y el sistema de creencia de la persona necesitamos ser muy respetuosos, es como cuando jugamos al Jenga: las creencias son como esas piezas de madera que sostienen la columna emocional y espiritual de la persona, si el Coach lleva de forma coercitiva a romper con una creencia existencial del cliente, puede ser como mover una pieza de madera del Jenga sin cuidado y la torre de palitos puede venirse abajo.

La Coach Susie Warman[187] me comentó del entrenamiento que se ha dado para formar Coaches muy talentosos que son invidentes. *¿Qué beneficios tiene un Coach así sobre otros Coaches?*
Creo que pueden desarrollar más su escucha, son mejores en intervenciones de Coaching al Teléfono, y para algunas personas puede resultar incómoda la mirada de un Coach, lo que no ocurre con estos Coaches ya que tienen la mirada de *Mirotalcuatl.*

¿Cuando hagas una pregunta? revisa la intención de tu pregunta, Cuando quieras que otro modifique una creencia sobre el mundo, sobre su identidad sobre su misión personal revisa tu intención detrás de tu intención. No entres a la sesión con una agenda oculta y queriendo obtener un beneficio personal sobre el otro.

---

186. Robert Dilts, Coaching Herramientas para el Cambio, Editorial Urano. 320 páginas.

187. Comentario el 11 de septiembre del 2015 por Susie Warman es Socia Fundadora de y Directora General de Blue Wing Coaching®. es Coach Ejecutiva, Organizacional y Consultora en Liderazgo, entrena Equipos de Alto Desempeño y es capacitadora.

De T-COACHinga

A Mirotalcuatl

| 1 | 2 | 3 | 4 | 5 |

¿En qué nivel te ubicas tu en tus interacciones con los demás?

8.3.14 TOXI Pedorrín Nocebus

Este personaje representa los pensamientos, intenciones y deseos tóxicos. Es un **Focussingo Black** que se enfoca en emociones como la envidia, la ira, la depresión, la venganza, la apatía. Los pensamientos son energía y ejercen una influencia en la propia persona y en los demás.

Joe Dispenza[188] ha explicado que *"el placebo eres tú"*, es decir, tu eres producto de tus ideas, pensamientos y creencias.
Si crees que una medicina te va a dar buenos resultados, tu mente lo transforma en un **PLACE-BO** para que funcione y ejerza un efecto positivo y cambie la química de tu organismo, aunque la persona consuma chochitos de azucar; si tus pensamientos son negativos y piensas que un medicamento o tratamiento te va a generar un daño, el pensamiento lo vuelve un **NOCEBO** es decir, es la misma mente con su negativismo la que genera un daño al organismo, al consumir los mismos chochitos de azucar.

TOXI Pedorrín Nocebus vive emanando malas vibras con sus pensamientos son tóxicos y expanden a su alrededor un mal olor como un mal de ojo. El mal de ojo son deseos negativos. Una persona puede hacer mal uso de su intención y de sus oraciones: *"Virgencita, que le de a mi jefe una diarrea para que no venga a trabajar hoy".*

188, Joe Dispenza... completar cita

La mente, combinada con la emoción y nuestras intenciones, tiene el poder para materializar nuestros deseos.

Anécdota

Juancho es un Focussingo muy enfocado en lograr sus objetivos, se metió a estudiar clases de Inglés pues su deseo era trabajar en Epcot Center; sacó su Visa, obtuvo su certificado del idioma, consiguió ser seleccionado como candidato, ya se veía en el Pabellón Mexicano de Epcot recibiendo a los turistas.

La madre y la tía de Juancho se llenaron de miedo al conocer los planes del muchacho, así que en sus conversaciones telefónicas de más de una hora entre ellas, lanzaban como dardos sus intenciones sobre el fracaso de Juancho en sus intentos de concretar su sueño.

El día del examen final de Juancho para ser aceptado, madre y tía prendieron una veladora y le rogaban a los ángeles que a Juancho se le trabara la lengua y no pudiera pasar el examen de Inglés.

Por la mañana, antes de salir de casa a su entrevista, Juancho se tomó un té que su madre le preparó. Ese día había mucho tráfico, en el camino a Juancho le temblaba el cuerpo y por su piel escurría un sudor extraño, tenía calentura y titiritaba de frío.

El entrevistador extranjero de Epcot Center le hizo un par de preguntas en Inglés y Juancho, en lugar de fluir en el idioma, tartamudeó, su lengua no le obedecía. Al mismo tiempo, la madre y la tía oraban y sostenían pensamientos donde visualizaban a Juancho con un pedazo de tela en la boca. Juancho no llegó a dormir ese día, se fue de parranda con sus amigos que sí fueron aceptados para emprender la aventura de trabajar y vivir en otro país. Cuando Juancho llegó borracho a las siete de la mañana, la madre y la tía lo felicitaron y lo esperaban en casa con un auto nuevo. Juancho se tragó su frustración, así como su desayuno sazonado con mucho ajo.

¿Cómo vas por la vida: como los InfiniWishes o como TOXI Pedorrín Nocebus?

_____

_____

¿Bendices o maldices a los demás?

_____

_____

¿Cómo contribuyes al libre albedrío de tus semejantes?

_____

_____

El psiquiatra Dr. Carlos Treviño Becerra afirmó que la brujería y el mal de ojo son pensamientos tóxicos que pueden influir en los demás, ya sea por sugestión o por la misma energía de la mente y del espíritu.[189]

Ejercicio

Conoce la luz y la sombra de tus intenciones. Cuando un amigo te platica un sueño a lograr, reflexiona sobre tus deseos y pensamientos:
¿En qué emoción vibra tu corazón al escucharlo?

_____

_____

La mente a veces funciona como una antena receptora de pensamientos automáticos.
¿Qué pensamientos te llegan al saber que tu amigo o conocido está por comprarse casa nueva, se va de luna de miel o le dieron un puesto directivo en su trabajo?

Sueño o caso de éxito que te comparten	Observa en qué emoción vibras al escuchar al otro	Observa qué pensamientos surgen en tu mente	¿Qué le deseas a quien te comparte su éxito?

8.3.15 BLAblabla DE MÍ

¿Conoces a alguien que cualquier comentario que recibe se lo toma personal?
El facilitador Martin Stringel[190] comenta que las cosas *PASAN no TE PASAN.*

BLAblabla DE MÍ piensa que cualquier comentario que se genera en la calle tiene que ver con él. La autoestima baja es un agujero negro que nos puede llevar a percibir de forma distorsionada los mensajes de los demás, un comentario neutro puede ser recibido como ofensivo o agresivo.

189. Dr. Carlos Treviño Becerra. Taller de Auto-hipnosis, México, D.F. 1986.

190. Martin Stringel Rodríguez, Consultor y facilitador de equipos. Comentario en abril del 2012 en México, D.F.

Ricardo de la Vega

La persona se convierte como víctima de las circunstancias y de los comentarios de los demás al estilo de un **Disperzappin Black**.

BLAblabla DE MÍ vive demasiado influenciado por los comentarios de vista, sus gustos y decisiones cambian en función de los comentarios de quienes les rodean.

Anécdota

NanoCélula le apodaban en la preparatoria al maestro de biología, Victor era un maestro erudito en su materia pero muy inseguro de sí mismo, no miraba a los ojos a extender su mano para saludar. Un mes de noviembre se casaba con una alumna muy guapa, el profesor invitó a la boda a todos sus alumnos de esa generación. Una semana antes de la boda, su novia le comentó que no se casaba pues estaba enamorada de un compañero del salón de clases, alumno también del NanoCélula.

En ese momento se instaló en él la personalidad de **BLAblabla DE MÍ**, su autoestima se desplomó, en la semana que correspondía a su luna de miel, se presentó a dar clases y pudo observar a su exnovia de la mano de su otro alumno, se escucharon algunas risas y voces crueles que decían "*Nano hay boda*", según versiones de los amigos del profesor Victor, los alumnos de generación en generación han comunicado su fracaso amoroso. De tal modo que cuando el maestro ve a dos alumnos murmurando, en el acto les pone baja calificación por estar hablando mal de él.

¿En qué situaciones te has vivido como BLAblabla De Mí?

_____

_____

¿Qué tan influenciable eres a la crítica de los demás?

_____

_____

Si trabajas en ventas ¿Cómo recibes el NO del Cliente?

_____

_____

¿Que tan asertivo eres para manejar una objeción, defender un punto de vista, y expresar tus emociones?

_____

_____

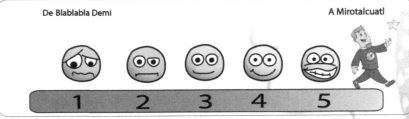

8.3.16 Bertita la Perfectita

Nos roba la energía querer que todo salga a la perfección y ocultar nuestros errores, cuando detrás
de un error hay un algo que aprender.

Bertita la Perfectita utiliza la perfección como un
arma para agredirse a sí misma y caer en la auto-
exigencia, lo que agota su energía y su salud; su
comportamiento pasivo agresivo también afecta a
sus compañeros de trabajo, hijos y familia, nada es
suficiente, pone la mirada en lo que falta no en lo
que está bien hecho.

Quienes le rodean terminan por alejarse pues consume su energía. Todo trabajo es perfectible, pero
obsesionarnos con la perfección puede retrasar nuestras entregas, nos puede impedir disfrutar de la
sobremesa por querer en ese momento lavar los platos y nos perdemos de cosas importantes de la
vida.

Buscar las perfección en todo lo que se hace:
Nos desconecta de la plenitud y del placer por vivir. Evitar caer en descalificar el
trabajo propio y el de los demás por no llegar a un estándar de calidad deseado.
Buscar de forma obsesiva la perfección te puede llevar a un estado de carencia,
donde pones el foco en lo que falta y no en lo que ya estamos logrando.

Ricardo de la Vega

8.3.17 Mr. Blind Cegatone

No hay peor ciego que el que no quiere ver. Este personaje representa nuestro mecanismo de defensa llamado negación. La intención positiva de negar un hecho es evitarnos un sufrimiento.

Cuando vivimos un duelo necesitamos pasar por diferentes etapas, una de ellas es la *NEGACIÓN*. Cuesta trabaja aceptar la perdida de una persona que amamos, que nos clonaron la tarjeta de crédito, que el coche no está donde lo estacionamos, que el tumor resultó cancerígeno.

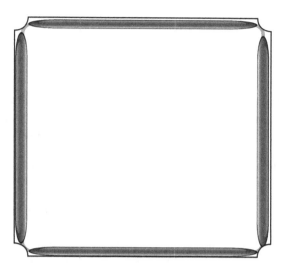

También existe algo que se llama la *"Ceguera de taller"* y se refiere a que al seguir por costumbre, por comodidad, un procedimiento para obtener un resultado nos olvidamos que hay otros caminos para generar el éxito. Otras alternativas están a la vista y se vuelven invisibles por nuestros filtros culturales y creencias limitantes.

Ejercicio — Revisa algunos episodios de tu vida donde has vivido la *"Ceguera de Taller"*. ¿En qué situaciones has caído en la negacion de la realidad?

¿Qué alternativas tienes para abrirte a lo que está ocurriendo y no convertirte en Mr. Blind Cegatone?

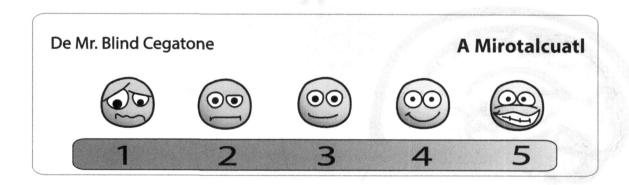

De Mr. Blind Cegatone   A Mirotalcuatl

1   2   3   4   5

8.3.18 ToñaMoña Delirio Insanis

Este personaje representa un agujero negro que lleva a muchas personas a ser hospitalizadas en un psiquiátrico. Aquí hago referencia a las psicopatologías que ya requieren atención médica.

No dependen de la fuerza de voluntad del individuo. *¿Cuál es la frontera entre la cordura y la locura?*

¿Quienes son los jueces para dictaminar quien está loco y quien está cuerdo? Ya vimos los riesgos de poner etiquetas a las personas. Sin embargo, no podemos convertirnos en **Mr. Blind Cegatone** y negar una realidad que puede poner en riesgo nuestra integridad y la vida misma.

Anécdota

Recuerdo cuando al dar un acompañamiento de Coaching a un grupo universitario para lograr sus objetivos laborales, se coló al salón una exalumna, quien estuvo ausente dos años. La mujer muy decidida se dirigió a mi, me arrebato de la mano la pelota de colores (una pelota de tela con la que los facilitadores damos la palabra a quien quiera hablar en el grupo), me pidió que me sentara y se puso a dar un mensaje sobre el fin del mundo. Los alumnos estaban fascinados con el carisma para contar historias de la joven de 23 años.

Cuando me pareció prudente, quise poner fin a lo que pensé era una broma, la invité a sentarse y al pedirle la pelota de la palabra, se me acerca y a quemaropa, lanza el objeto con todas sus fuerzas para pegarme en los genitales, acto seguido se pone a declamar:

> *"hombres necios que acusáis*
> *a la mujer sin razón,*
> *sin ver que sois la ocasión*
> *de lo mismo que culpáis…"* [191]

En eso dije —haciendo referencia al poema— Sor Juana Ines de la Cruz y la mujer exclamo: Si la misma pero en otro cuerpo y en otro siglo.

> *"Siempre tan necios andáis*
> *que, con desigual nivel,*
> *a una culpáis por cruel*
> *y a otra por fácil culpáis…"* [192]

---

191. Poema de Sor Juana Inés de la Cruz, libro de Lourdes Franco, Literatura HispanoAmericana, Limusa Noriega Editores, México, D.F. 2004

192. Ibidem.

Comprendí la magnitud de su problema cuando la directora de la universidad junto con el personal de seguridad entraron al salón de forma cautelosa, acompañados por el padre de la chica, quien pidió una disculpa pública y tomó de la mano a su hija para que se retiraran del aula, ella como si fuera una niña de cinco años, salió toda dócil, con la mirada en piso y sin decir palabra.

Al indagar pude obtener más información, la joven dejó la universidad por trastornos mentales, cuando el novio rompió el compromiso de la boda el mismo día de la ceremonia y frente a los invitados, eso desencadenó una crisis de ansiedad.

Tuvo un brote psicótico que no se le presentaba desde su adolescencia, específicamente la esquizofrenia donde la chica sufre cuadros delirantes, ella creía ser la reencarnación de la poetiza mexicana, escuchaba una voz dentro de su cabeza que interpretaba como la voz de Dios, pues se consideraba una elegida para rescatar al mundo de una invasión extraterrestre que estaba por ocurrir en un periodo de tres meses. Las únicas que se iban a salvar eran las mujeres, y aquellos hombres que se sometieran a una castración, otro requisito para la salvación era que supieran declamar de memoria sus poemas, pues son obra de Dios y un ángel le reveló que eso los haría invisibles ante la mirada de los invasores…

Hay agujeros negros que te roban tu energía pero los puedes manejar con tu voluntad y un cambio de hábitos. Por otra parte, hay trastornos mentales en los que no participa **TU VOLUNTAD**, como son los casos de depresión, esquizofrenia, el Déficit de Atención, en los que se requiere la ayuda psiquiátrica. Aunque la persona *"le eche ganas"* no mejora. Pues requiere apoyo médico.

Hay algo que se llama *"conciencia de enfermedad"* que los enfermos de esquizofrenia, viven en una negación del problema y se defienden cuando se les confronta, empiezan a explicar que lo que les ocurre es culpa de los demás. Tener la *"concienca de enfermadad"* es clave para la recuperación. Cuando a un paciente de oftalmología le ponen lentes dice: *"a caray, si necesitaba lentes".* [193]

*¿Cómo puedes reconocer a personas con las características patológicas del personaje **ToñaMoña Delirio Insanis?***

_____

_____

¿Qué eventos en tu vida te han llevado a ser vulnerable a la influencia de personas delirantes?

_____

_____

193. Dr. Luis Mendez Cárdenas, El Dr. Sergio Muñoz Fernández Qué Tal Fernanda, "Trastornos Mentales" programa de Radio FM, 28 de marzo 2016, 11 am.

Hay delirios místicos, los cuales ocurren en algunos líderes mesiánicos que se sienten los elegidos o la reencarnación de Jesucristo, de Buda, el enfermo pierde contacto con la realidad y su voz *TITERECO* suena tan real como una voz externa *DIJODIJE*, la alucinación auditiva parece una verdadera voz que le habla, la persona puede pensar que es la voz de Dios, del Demonio, de algún ser de luz que le da mensajes. Algunos líderes mesiánicos se creen sus propias mentiras y han llevado a otros a la confusión espiritual y hasta el suicidio. Para conocer más a fondo del tema, recomiendo la lectura *"Psicopatologías y Sectas"*[194]

Y el reto es no confundir el delirio místico con el éxtasis místico; para ello, Santa Teresa de Ávila en su momento histórico, preocupada por la posible censura de sus libros por los censores eclesiásticos, tiene cuidado para ofrecer criterios de discernimiento para distinguir las verdaderas experiencias místicas, de las alucinaciones derivadas de la fragilidad psíquica o de los influjos demoniacos. [195]

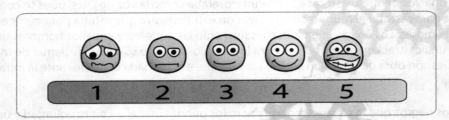

8.3.19 DEDMind LIN-CHEN-LA

Son esas personas fundamentalista que matan por sus ideas, caen en un pensamiento blanco y negro, son *focussingos Mind TOC* muy obsesivos y al extremo, caen en la patología.

¿Conoces a alguien que confunde sus ideologías con su persona? Solo se relacionan con los que piensan igual que ellos, rechazan cualquier idea contraria, no están abiertos al diálogo, ejercen la violencia pasiva o abierta para imponer su punto de vista.

¿Conoces a alguien así? ¿Quienes son capaces de retirarte la palabra por expresar tus ideas? ¿Que ideas o ideologías has convertido en una extensión de ti mismo?

El fanatismo, el terrorismo, el romanticismo han llevado a muchas a personas a darle más valor a una *IDEA* que a su propia vida o la de otros. Claro ejemplo son las guerras religiosas, políticas, o cualquier conflicto de intereses que terminan en golpes o en balazos. El apego a nuestras ideas es un tipo de idolatría.

---

194. Alejandro Farinelli, Psicopatologías y Sectas, Fundación S.P.E.S. en www.catholic.net

195. Antonio Maria Sicari, En el Castillo Interior de Santa Teresa de Ávila, Primera edición en la lengua española 28 de marzo de 2015 en el Quinto Centenario del nacimiento de Santa Teresa de Jesús. Associazione Cuturale Archa, Roma Italia.

No confundir al fanático con las personas que luchan por sus ideales y están abiertos al diálogo y la negociación. En el romanticismo podemos caer en una idealización del otro y tratarlo como un objeto amoroso, lo cosificamos para asemejarlo a la idea que tenemos en mente. El sentimiento se vuelve un absoluto y podemos decir cosas como *"sin ti me muero"*.

Ejercicio

Documenta algunos casos donde has dado prioridad a una idea en tu cabeza pasando por encima de los derechos de otros. *¿Qué emociones surgieron en ti? ¿Con que idea o concepto te obsesionaste? ¿Cuáles fueron tus acciones? ¿Ejerciste algún tipo de violencia pasiva?*

Por ejemplo, no contestar un mail, hacer otras cosas cuando la persona te platica emocionada su idea, romper acuerdos, hacer comparaciones, poner etiquetas, etc. *¿Tus acciones fueron violentas? ¿Que podías haber hecho diferente? ¿A qué nuevas ideas necesitas abrirte?*

PASADO	PRESENTE	FUTURO

Recordar experiencias

Enfocarte y vivir en el aquí y ahora

Imaginar con esperanza

Perturbación por recordar traumas

Saturarte sensorialmente, evadirte o el presente paralelo

Pensamientos catastróficos

8.3.20 NORMA SERMONER

Se caracteriza por apegarse a las reglas y las normas y quien se sale de lo establecido recibe largos sermones que terminan por aturdir y desquiciar a quien lo escucha, pues para **NORMA SERMONER** está primero la ley y después las necesidades de cada persona.

9. Tiempo psicológico

El tiempo psicológico es una creación de nuestra mente. Puede ser una trampa o un recurso a tu favor. Puedo por ejemplo, recordar experiencias agradables del pasado y eso me lleva a trazar una sonrisa en mi rostro; puedo enfocarme en el presente como **FocuSER Flow** y fluir en el aqui y en el ahora; puedo imaginar un futuro con esperanza y segregar la hormona del humor y del placer, la serotonina.

Por otra parte, puedo utilizar mi tiempo psicológico mental para atormentarme. No vivo el aquí y el ahora por la carga del pasado, por preocuparme por el futuro o por estar en un presente desconectado de la realidad, como un fotógrafo que no disfruta sus vacaciones por la activitis de sacar una foto y después otra, y cuando los amigos le preguntan: ¿cómo te fue en tus vacaciones? contesta: *"No lo se, no he revisado las fotos en mi computadora".*

¿Qué es el tiempo? Hay un gran debate filosófico y científico en torno a las múltiples respuestas sobre este tema. Da un aplauso: existe un antes y un después de dicho aplauso. Dale un beso a la persona que esté más cerca de ti. También existe un antes y un después de ese beso.
Cada acción que realizamos, recordamos o imaginamos es vivida por nuestras células en tiempo presente.

El tiempo es una unidad, la mente lo divide en pasado, presente y futuro. Una experiencia pasada como por ejemplo, "mi papá me pegaba de pequeño", en un tiempo cronológico, puede ser que ya pasaron 20 años y tus células y tu ser lo siguen viviendo como un tiempo presente.

Cuando sanamos nuestras heridas podemos soltar lo vivido. Si imagino algo que quiero lograr a futuro y vibro de entusiasmo con ese pensamiento, mi mente ahora solo tiene que recordar cómo lo logré y emprender las acciones necesarias. El problema es cuando vivimos el tiempo de manera fragmentada. Hay personas que viven en el pasado, otros viven en el futuro.

El *mindfulness*, la oración contemplativa, la meditación, nos ayudan a vivir el tiempo como una unidad. Te propongo que juegues a observar el río de pensamientos que llegan a ti de forma espontánea. El juego se llama: *ABACRONOS^{MR}*.

El *Abacronos* es un sistema sencillo que inventé basado en un ábaco, sirve para contabilizar a dónde se dispara tu mente cuando meditas, trabajas, estudias, etc. Tu mente hace pequeños brincos al pasado, al futuro o se queda en contemplar el aquí y el ahora. Después de una meditación u otra actividad que requiere enfocarse en el aquí y el ahora, puedes reflexionar con el *Abacronos* sobre los brincos que dio tu mente y descubrir si es por algo del pasado o por algo del futuro.

La velocidad de la mente es tan rápida como la luz. Piensa en qué hacías cuando tenías 5 años, *¿a qué jugabas?* Si el próximo mes tuvieras una semana libre para ti *¿en qué ocuparías tu tiempo?* Para contactar respuestas, tu mente tuvo que dar brincos cuánticos en el tiempo. Hay dos formas de vivir el tiempo: de forma fragmentada o como una unidad.

Ricardo de la Vega

a) Fragmentada: vives fragmentado, la mente se va en un zapping al canal del pasado o al canal del futuro y como una cubeta que entra al pozo para sacar agua, en lugar de entrar y salir con la ayuda de una cuerda y una polea, la cubeta se queda en el fondo sin cuerda para sacarla. Son esos brincos cuánticos al pasado o al futuro en los que nos quedamos sumergidos.

Por ejemplo, la mujer que vive lamentándose, "troné con mi novio" y la vecina le dice "si, te ves triste, ¿cuando terminó la relación? Hace cinco años. Para las células de su cuerpo, el rompimiento está ocurriendo en ese momento y sigue ocurriendo. Para ilustrar este tiempo fragmentado, observa los siguientes personajes:

Dileii Xtempo:

Personaje que vive un "desfase vital," vive un delay, lo que en producción de cine y video se llama fuera de lipsing. Es decir, la imagen de video no coincide en tiempo real con el audio, por lo que se nota un desfase del audio con el movimiento de los labios.
El Dileii Xtempo es un desfase vital momentáneo. Por ejemplo, una persona a la que están hablando y no está prestando atención porque se quedó pensando en lo que le habían dicho cinco segundos antes, realmente no se entera de lo que le dicen, pues no está escuchando en tiempo real. El desfase también puede ser a futuro: La persona no disfruta el segundo actual por estar pensando en el segundo que sigue. Eckar Tolle [196] ha explicado con detalle cómo en ocasiones vivimos en este desfase.

Pensatróficos:

Viven en sus pensamientos catastróficos, en la desesperanza cuando miran al futuro.
¿Para qué elaborar un proyecto de vida, si todo es incierto?

Ayerfuí:

Representan a las personas que viven con exceso de pasado en sus vidas. Por estar pensando en lo que fueron, tuvieron o hicieron, dejan de disfrutar su presente. Viven en la añoranza, en el hubiera, en la culpa, incluso pueden llegar a deprimirse. Su mente vive comparando las oportunidades que surgen con lo que ya no está en sus vidas.

DiverCHIDOS: este personaje representa el tiempo de esparcimiento.La mente necesita un espacio para distraerse y generar aprendizajes divertidos cuando se ocupa en sus tiempos de ocio *¿Que hacer con el aburrimiento?*

Aburris: Viven el presente de manera aburrida. *"Quien no es feliz con lo que tiene, ¿quién te dice que va a ser feliz con lo que aún no tiene?"* [197] Las rutinas de vida los agobian. Su lenguaje corporal y tono de voz es desganado.

---

196. Tolle, Eckhart. Practicando El Poder del Ahora: Enseñanzas, meditaciones y ejercicios esenciales extraídos de El Poder del Ahora. Gaia Ediciones, 2009; 156 páginas.

197. Comentario de Rodrigo Vargas Hurtado de Mendoza, diciembre 2012, México, D.F.

Reventines: Son adictos a la adrenalina, para poder vivir el presente necesitan tener experiencias al límite: al límite de la velocidad, al límite del placer, al límite de la novedad, les encanta correr riesgos, no toleran las rutinas.

Perpetuines: Viven en un eterno presente evitando contactar el pasado y sin tomar las riendas de su vida y responsabilizarse por su futuro. No planean por vivir distraídos con lo trivial del momento. Pueden alargarse en procesos terapéuticos por años sin moverse al cambio. Pueden no usar reloj, no hay sentido de urgencia. Pueden leer un libro en año y medio, la prepa terminarla en 6 años. La pregunta que los puede confrontar es: *¿Qué quieres hacer con tu vida?*

Chentes Lelos Viven presentes paralelos, dejan de estar al 100% en la vivencia del momento por pensar en otros acontecimientos que ocurren al mismo tiempo.
Por ejemplo, si están en una reunión familiar, no la disfrutan pues su mente se va a pensar cómo estarían en ese momento en la fiesta de un amigo a la que no asistieron; están en el Whatsapp o en los mensajes de texto preguntado: *¿Cómo va todo por allá?*

De ahí la importancia de tomar decisiones sobre cómo invertir nuestro tiempo. *¿Con quienes quiero estar realmente en tiempo presente?* Los **Chentes Lelos** dejan de disfrutar el momento por lo atractivo del buffet de actividades paralelas que podrían estar haciendo. Cuando Juan está en clase de matemáticas está pensando qué está haciendo su novia en el salón de junto y al ver la cara de Juan, parece que está en trance, con la boca entre abierta y los ojos perdidos.

b) Como una unidad. Los personajes que viven el tiempo como una unidad son:

PossiBilly: Procura vivir su vida con balance, con salud integral, integrando sus tiempos psicológicos, acepta su pasado, disfruta su presente reconociendo que el aquí y el ahora es lo que tenemos y diseña su futuro con esperanza al trabajar en su proyecto de vida.

Mirotálcualt: Vive la plenitud del tiempo, contempla, reconoce su propósito trascendental y simplifica su vida. Ha llevado su virtud, su fortaleza y sus talentos al servicio de una causa.

Possibily y **Mirotálcualt** pueden hacer visitas mentales al pasado o al futuro sin desconectarse del aquí y del ahora. El futuro que sí existe, es el futuro inmediato, el segundo después de este segundo y que se convierte en presente.

Ejercicio

Revisa la percepción del tiempo desde la Programación Neurolingüística, desde la física cuántica, desde como lo vive un niño en una fiesta infantil o un anciano en su cama cuando agoniza y tus creencias familiares y personales sobre el tiempo.

Ricardo de la Vega

PERCPECIÓN DEL TIEMPO DESDE LA PNL	PERCEPCIÓN DEL TIEMPO DESDE LA FÍSICA CUÁNTICA	¿COMO VIVE EL TIEMPO UN NIÑO EN UNA FIESTA?	¿CÓMO VIVE EL TIEMPO UN ANSIANO EN SU CAMA ANTES DE MORIR?	¿CUÁLES SON TUS CREENCIAS Y LAS DE TU FAMILIA SOBRE EL TIEMPO?

Las herramientas para vivir el tiempo como una unidad son:

ImaginACCIÓN:

InnovaWOW representa la capacidad de la mente para crear e innovar. La diferencia entre un objetivo y una fantasía radica en nuestro entusiasmo y voluntad para volver los sueños realidad. Así de contundente es la ImaginACCIÓN de InnovaWOW: "Lo sueñas, lo haces".[198]
"La creatividad es una actitud mental y una técnica de pensamiento."[199]
Cuando imaginamos algo, nuestras células y cada tejido de nuestro espíritu lo vive en tiempo presente. La Imaginacción es transformar las posibilidades en oportunidades, pasar de la idea en la mente a la creación tangible. Por eso, todo lo creado es creado dos veces:

1a. En nuestra cabeza, con nuestra imaginación.

2a. Al aterrizar la idea y plasmarla en la realidad.

RecordACCIÓN:

Somos seres con memoria, todo lo que hemos vivido está incorporado en nosotros como un campo de información, es nuestro baúl lleno de recursos; cada segundo vivido está lleno de aprendizajes, el problema es que olvidamos, nuestro inconsciente mental, espiritual y corporal está lleno de grandeza y también de miedos y creencias tóxicas. Cada vez que logramos algo, se queda almacenado en nuestra memoria. La **RecordACCIÓN** es utilizar a tu favor todo tu potencial de recuerdos.
La memoria es esencial para que cada persona construya su identidad y cada pueblo cuente con la información para organizar y aprender de su historia.[200]

---

198. De la Vega D. Ricardo J. Slogan de Possibilitas.com.mx para promover el concepto ImaginACCIÓN.

199. De Bono, Edward. "Pensamiento Lateral" Manual de Creatividad. Editorial Paidos.

200. Kandel, Eric. R. "En busca de la memoria. El nacimiento de una nueva ciencia de la mente". Buenos Aires. Katz Editores, 2007.

La frase "recordar es volver a vivir" es cierta; cuando recordamos, nuestras células viven lo recordado en tiempo presente. Al recordar cada pasaje de nuestra vida, sin darnos cuenta "editamos" el pasado y lo reescribimos. Le agregamos y quitamos datos a ese campo informativo en nosotros y cambiamos nuestro presente y nuestro destino. Por eso es muy importante sanar todo aquello que nos impide vivir el aquí y el ahora, trabajar nuestros anclajes negativos, traumas, recordar nuestros logros y el para qué estamos en este mundo.

"Los procesos de la memoria nos son más útiles si podemos recordar rápidamente los sucesos felices y atenuar el impacto emocional de los acontecimientos traumáticos y decepciones".[201]

EnfocARTE:

FocuSER Flow. La mente trabaja en presente, cada célula vive en el aquí y el ahora. Cuando practicas la meditación, el mindfulness, la mente se llena de paz y su oleaje fluye como un río.

Cuando logras **EnfocARTE** estás en lo que estás, tu mente no se estresa por querer hacer varias cosas de forma simultánea, ni está en la ansiedad por hacer lo que sigue.

Se enfoca en lo que es y lo que ocurre, disfrutando la acción misma sin la impaciencia de ver el fruto de su acción.

La **ImaginACCIÓN**, La **RecordACCIÓN** y el **EnfocARTE** son la misma acción ya que somos una unidad: mental, corporal y espiritual. Sin embargo, la mente requiere hacer mapas y modelos para comprender el mundo.

Este es un modelo que he creado para explicar los brincos cuánticos de la mente en el tiempo y cómo aprovecharlos de forma productiva:

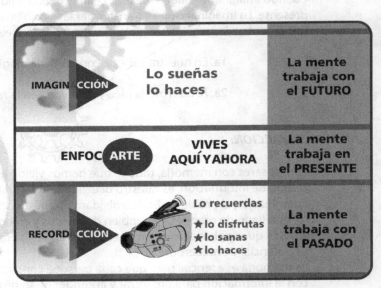

IMAGIN**ACCIÓN**	Lo sueñas lo haces	La mente trabaja con el FUTURO
ENFOC**ARTE**	VIVES AQUÍ Y AHORA	La mente trabaja en el PRESENTE
RECORD**ACCIÓN**	Lo recuerdas ★ lo disfrutas ★ lo sanas ★ lo haces	La mente trabaja con el PASADO

---

201. Kandel, Eric. R. En busca de la memoria. Ibidem.

Ricardo de la Vega

Ikram Antaki [202]-una mujer sabia de nuestra época (1948-2000), maestra, escritora y comentarista de radio- habló sobre el tiempo psicológico, con base en el escrito "Los trabajos y los días de Hesiodo (en el siglo VII a. C.) dice Ikram Antaki que existió un momento en la humanidad en el cual los hombre vivían sin preocupaciones, vivían en la inmediatez, el deseo no estaba en sus mentes pues el deseo surge de la carencia de algo; vivían en el momento presente, en un aquí y ahora.

Al leer a esta mujer sabia, me vienen varias preguntas:

- *¿En qué momento los hombres aprendieron a reflexión sobre su pasado?*
- *¿Cuando comenzaron a cocinar en sus mentes la idea de futuro?*
- *¿Que lleva a una persona a sacrificar una satisfacción inmediata por un bien mayor a futuro?*

El tiempo psicológico puede ser amigo o enemigo del hombre.

Vivir en un eterno aquí y ahora sin planear el futuro puede tener consecuencias en tu vida.

Anécdota

Por ejemplo, los padres de Jorge Manuel planearon desde que el niño tenia 7 años, el contratar un seguro para sus estudios universitarios, pues tenían en sus mentes habitó el deseo de ver a su hijo sin problemas para pagar sus estudios universitarios; después de años de esfuerzo, por fin la empresa va a entregar a Jorge Manuel a sus 18 años, el dinero para qué estudie su carrera.

Para sorpresa de los padres, a Jorge Manuel lo mueve la inmediatez, el aquí y el ahora, no hay sentido de futuro y se gasta el dinero para sus estudios en un viaje relámpago a Europa.

El generar en las personas SENTIDO DE URGENCIA, es uno de los escenarios mentales y emocionales que un asesor en ventas puede crear cuando vende seguros de gastos médicos, un crédito hipotecario.

202. Antaki, Ikram, "En El Banquete de Platón" Editorial Planeta, quinta reimpresión mayo de 1998 México, D.F.

Anclajes *Una herramienta para romper con condicionamientos del pasado.*

¿Qué es un ancla? es una herramienta que le permite al barco quedarse en una determinada posición en el mar. Los anclajes psicológicos funcionan de la misma manera en nuestras vidas. Un anclaje es un concepto desarrollado por la PNL para explicar como existen estímulos neutros (una textura, un sabor, un olor, una imagen, un sonido, etc.) y que han adquirido un significado y una carga emocional al quedar asociados a una experiencia.

Por ejemplo, *¿qué sensaciones vienen a ti, que recuerdos surgen cuando piensas en el olor a tierra mojada?* Imagina la canción que tanto te gusta *¿Con que la asocias?* Si en este momento alguien te da una palmada en la espalda, dicho estímulo puede estar vinculado de forma consciente o inconsciente a una experiencia previa, por ejemplo a tus fiestas de cumpleaños, a la Navidad o a un velorio.

Un anclaje es una neuro asociación, es un campo de información. El caso típico es cuando nos subimos a un taxi en un día con mucho calor y tráfico. El taxista trae un aromatizante con olor a vainilla, el olor se vuelve muy penetrante con el calor. Si en ese momento vas angustiado por pensar que vas a llegar tarde a una cita de negocios, en todo tu ser (mente consciente e inconsciente, cuerpo, emociones y espíritu), queda grabado ese olor a vainilla con dicho campo de información (pensamiento) y con ese estado emocional.

De modo que, la próxima vez que subes al coche de una amiga -que trae el mismo aromatizante a vainilla- se activa en ti el campo de información, se da la neuro asociación y vives nuevamente el estado emocional de angustia. Por eso los anclajes son **CÁPSULAS DE INFORMACIÓN EN EL TIEMPO**.

A diferencia de los animales, que no pueden cambiar por cuenta propia el *SIGNIFICADO* de los estímulos condicionados que tienen, el ser humano tiene la *LIBERTAD* de *COLAPSAR* sus *ANCLAS*, puede cambiar el campo de información en esa *CÁPSULA INFORMATIVA* y cuando cambia la información cambia nuestro estado emocional, mental y corporal al estar frente a dicho estímulo. Una herramienta poderosa para colapsar anclas es la *Terapia del Campo Mental (TCM)*. *¿Para qué sirven las anclas en nuestra vida cotidiana?*

Anécdota

Un Director de una empresa me comentó que cada vez que entraba a su oficina lo inundaba una emoción de tristeza. No tenía claro por qué le ocurría eso. Al visitar su despacho, le pedí que observara en silencio cada objeto del lugar mientras respiraba. Después de un rato de observar y observar, se dio cuenta de que un filo de fotografía se asomaba de uno de los libreros.

¿Quién es la persona de la foto? –le pregunté–. *"Es mi hermano, quien falleció hace 3 años",* dijo el hombre retirando sus lentes y tallando sus ojos. Desde luego, la foto era captada con su percepción inconsciente aunque no se daba cuenta y disparaba en él un estado emocional.

Ricardo de la Vega

Cada actividad que realizamos, estudiar, trabajar, dormir, hacer ejercicio, requieren de un estado emocional, corporal, mental y de una actitud espiritual. Si cuando quieres dormir tu mente está muy activa repasando los pendientes del trabajo, si al querer hacer ejercicio físico te sientes con flojera, si al querer estudiar estás aburrido, necesitas evocar un estado emocional, mental y una actitud de excelencia para lograrlo.

Los anclajes son un camino poderoso para hablar en público más relajado, para que un futbolista tire un penalty con serenidad...

Ejercicio

Investiga cómo funciona el Círculo de la Excelencia de Robert Dilts. Anótalo en el recuadro y practícalo varias veces.

10. Objetivos Integrales BSM

Tener en mente lo que quieres lograr es la mejor forma de conseguirlo. En todo momento estamos siendo exitosos para conseguir algo. De forma consciente o inconsciente lo conseguimos.
El problema surge cuando no tenemos claro el objetivo a lograr y lo obtenemos. Nos sentimos insatisfechos, pues un objetivo se planea al detectar una necesidad y un problema a resolver que es la brecha entre el **Punto A** (*¿Dónde estoy en mi vida?*) y el **Punto B** (*¿A dónde voy?*)

Cuando vivimos de forma fragmentada sin escuchar las necesidades de nuestro cuerpo, espíritu y mente. El Dr. Luis Jorge Gonzalez plantea que se le llama problema a la distancia que existe entre el *Punto A* y el *Punto B*. [203]

Ejemplo: Si el problema es que llegó el invierno y se me olvidó en casa mi chamarra. El *Punto A* es "tengo frío" y el *Punto B* "deseo entrar en calor". El organismo mismo se mueve en función de objetivos, al sentir frío nuestro cuerpo titirita, se pone en esa vibraciòn que es movimiento para entrar en calor.
Con Marcela Infante y Pepe Merino [204] aprendí a especificar objetivos desde la PNL para lograrlos:
El problema de un objetivo es que sea tan solo un deseo en tu cabeza que no has especificado.

Para lograr una meta el primer paso es saber qué quieres y para qué lo quieres, cómo lo vas a lograr y cuál es específicamente el resultado que buscas, checa que tu objetivo sea:

- Congruente: *¿Está alineado con tu Visión, misión y valores?*

- Realista: Diferenciar la ficción de la realidad.

- Deseable: *¿Cuánto te motiva tu objetivo?*

- Positivo: *¿Cómo lo dirías en afirmativo?*

- Tamaño adecuado: subdividirlo en metas.

- Que dependa de ti : *¿Qué tanto depende de ti lograrlo?*

- Específico: *¿Qué, Cuándo, Dónde, Cómo, Quién?*

- Sensorialmente comprobable: *¿Qué verás, que oirás, qué sentirás al alcanzarlo?*

- Ecológico: *¿Cómo puede afectar mi vida, a mi familia, a mi trabajo, el logro de mi objetivo?*

- Medición de Logro: *¿Qué indicadores hay de que estás consiguiendo el resultado?*
establecer un tablero de medición con un semáforo. Si mi objetivo es llegar a la costera de Acapulco, marcar con verde, cuando paso la caseta de cuernavaca, marcar con verde cuando empiezo a ver palmeras, marcar con rojo cuando empiezo a ver la nieve de una montaña.

---

203. Dr. Luis Jorge Gonzalez.

204. Marcela Infante, Diplomados de Programación Neurolingüística y Pepe Merino, Certificación de Herramientas de la PNL para Coaching. México D.F. 2003- 2008.

Visualización para lograr tu meta

Cuerpo relajado

Mente abierta y enfocada en estado alfa

En tu Espíritu Fe y Esperanza

Tu mente visualiza con todo su poder creativo VAK tu objetivo

Tu corazón Vibra en la emoción correcta

Tu lenguaje Afirmativo "Si Puedo"

Vives tu visualización en tiempo presente

Símbolo para recordar Durante el Día

Visualizas acciones específicas para lograrlo

Visualizar es ya un hábito

La PNL propone que especifiquemos bien lo que queremos lograr. Por otra parte, si especificas tanto lo que quieres conseguir, *¿Cómo te abres a las posibilidades y a las alternativas que tiene Dios para ti?*

Que especificar no sea encerrarte en una posibilidad. Hay que enfocarnos en lograr un objetivo sin obsesionarnos con el resultado que vamos a obtener, necesitamos abrirnos a la voluntad de Dios en nuestra vida.[205]

---

205. Ing. Álvaro Hernández. Taller BootCamp de actualización de actualización de medicina cuántica, del 23 al 27 de Abril del 2016.

11. Lo que *Crees* es lo que *Obtienes*

Tus ideas fijas determinan tu existencia. Deepak Chopra nos comparte que la mente no solo existe en tu cabeza, también está en cada órgano del cuerpo y en cada célula.[206] De modo que cuando tenemos conversaciones negativas con nosotros mismos y nos decimos cosas como:

> *"Soy un bueno para nada"*
> *"Tengo una enfermedad incurable"*
> *"Los deportes no son lo mio"*
> *"Está por darme gripa"*

Cada célula del cuerpo nos escucha y actúa en función de dicha creencia y el sistema inmunológico y la autoestima pueden aumentar o disminuir. Deepak Chopra también nos invita a reflexionar sobre el envejecimiento y la ideas que tenemos en torno al mismo.

¿Qué relación existe entre envejecer y ver a otros envejecer?

- El ver a otros envejecer y sus creencias en torno al envejecimiento afecta nuestro propio sistema de creencias y nos predisponen al envejecimiento. Se genera una especie de condicionamiento social hipnótico: si creo que las personas a los 60 años *"ya están chocheando"*, eso me va a ocurrir cuando llegue a esa edad. Desde una mirada de la física cuántica, mis creencias transforman la onda en partícula, tanto el observador que hay en nosotros, como nuestras creencias, determinan lo que va a ocurrir si sostenemos el pensamiento.[207]

- Las creencias son **ÓRDENES INVISIBLES PROGRAMADAS EN NUESTRO CAMPO DE INFORMACIÓN.**

- Nuestra edad real no necesariamente corresponde a nuestra edad cronológica que aparece en un acta de nacimiento. Debido a sus malos hábitos de salud el Doctor Chopra había afectado sus organos los cuales correspondían a una persona del doble de sus edad. Tener malos hábitos físicos, mentales y espirituales puede acabar con la salud. Chopra encontro la forma para revertir el proceso de envejecimiento.

- *¿Cómo se calcula la edad biológica?* Por medio de diferentes marcadores biológicos: densidad ósea, presión arterial, sobrepeso, capacidad aeróbica, fuerza muscular, actividad sexual, capacidad para oir, capacidad para ver. También existen marcadores sobre nuestra salud mental (en este libro ya hemos mencionado con personajes muchos de los indicadores como la memoria, tu capacidad para enfocarte, para crear), y a nivel espiritual en el libro *Sensus* de esta serie BSM (también puedes encontrar como desarrollar tu capacidad de amar, perdonar, orar, tu resilencia representada con el personaje *Tikai Upale*).

---

206. Chopra, Deepak. Grow Younger, Live Longet: Teen Steeps, to Reverse Aging. Editorial Armony; Reprint edition, 2002.

207. Ing. Álvaro Hernández. BootCamp taller de actualización de actualización de medicina cuántica, del 23 al 27 de Abril del 2016. Cuernavaca, Morelos.

Dime qué crees de ti mismo y te diré quien eres. La mente traduce nuestros pensamientos en resultados biológicos. Pasa lo mismo que cuando un jinete va a saltar en un caballo: si su mente piensa "no voy a poder brincar ese obstáculo", el animal se conecta con el campo de información mental de la persona y se detiene. Así operan nuestras células y nuestra vida. Podemos boicotear nuestros sueños y nuestro sistema inmunológico.

Recuerdo cuando en un curso de ventas les pedí a los participantes que se visualizaran a la edad de 85 años. A Daniel, un joven de 34 años, se le salieron unas lágrimas, su creencia tóxica lo llevo a imaginarse en un ataúd y dijo con voz entre cortada: *"Yo no creo pasar de los 60 años de edad, mi papá murió a los 59 años y nadie en mi familia que yo conozca ha llegado a vivir más"*. Lo que Daniel desconocia es que su pensamiento estaba programando su cuerpo para morir a esa edad.

Las creencias o pensamientos inconcientes instalados en nosotros se convierten en profecías auto cumplidas.

En eso, Don Luis, un vendedor con 30 años de experiencia en ventas se puso de pie y con su postura corporal desafio las creencias del muchacho:

¿Qué cómo me voy a vver a los 85 años de edad? Así como estoy, tengo 85 años y disfruto mi trabajo, nadar y hacer el amor con mi esposa. El grupo se quedó en silencio y con la boca abierta.

Daniel se puso de pie, le dio un abrazo a Don Luis y le dijo: *"Yo pensé que usted tenía 70 años"*.

Revisa tus creencias sobre tu longevidad y cómo te visualizas sano para los próximos años.

En los procesos de Coaching se llaman Creencias tóxicas a las ideas que interfieren con tu desempeño, con tu bienestar y el logro de tus objetivos. El facilitador y médico quiropráctico Moises Reznik dice: *"Logra que tus acciones se conviertan en hábitos pues tus hábitos generan tu destino"*. [208]

¿Qué patrones de pensamiento necesitas cambiar?

Revisa los personajes que representan las habilidades de tu mente, así como los personajes agujeros negros. Por ejemplo salir del **pensamiento blanco y negro** en donde no existen tonalidades de gris.

Confundir el CONOCIMIENTO CON LA ACCIÓN:

¿Cómo aprendiste a nadar: leyendo un libro o chapoteando en una alberca?

No es lo mismo *"Saber algo"* que *"SABER HACER ALGO"*, o que *"poner mis acciones al servicio de los demás"*. Hay que aprender a transformar el conocimiento egocentrista que lo consume la persona solo para si misma o para coleccionar información como si fueran una caja de zapatos o unso zapatos de moda, para llegar al Accionamiento (saber hacer algo y hacerlo) y de ahí ponerlo al servicio de los demás con los **ServiAKTOS**. Las personas pueden acumular conocimiento, diplomas en las paredes de su casa, pero de poco le sirven sin no se mueve a la acción.

---

208. Moises Reznik "Taller de Liderazgo", ITAM, Ciudad de México, Agosto 2014.

¿Cuáles son tus creencias tóxicas sobre el dinero?

_____

_____

¿Qué ideas quieres cambiar sobre ti mism@?

_____

_____

Las creencias limitantes operan de forma inconsciente, son como el poste imaginario al que esta amarrado un camello en el desierto: El animal sigue echado en la arena, hasta que su dueño desamarra las riendas del poste imaginario y el animal se levanta para continuar con la caravana de camellos.[209]

¿Cuáles son los postes imaginarios a los que vives atado?

¿Cuáles son los complejos que te impiden obtener mejores resultados laborales?

¿A qué nuevas ideas necesitas abrirte?

En la metáfora del Titanic, ¿cuál puede ser ese Iceberg con el que estás por chocar y no lo sabes?

ROMPER CON EL PILOTO AUTOMÁTICO *y pasar a nuevas acciones:*

En el programa *"Comelones"* [210] del Canal Discovery Home and Health mencionaron que para romper con un hábito que opera de forma inconsciente –es decir, fuera de nuestra conciencia– tenemos que hacerlo consciente; una opción que proponen es comer por ejemplo con la mano no dominante, de ese modo, podemos estar más conscientes de lo que nos llevamos a la boca.

Por ejemplo, en un experimento en el cine con 25 personas que comen palomitas de forma compulsiva mientras ven la película, les pidieron que se pusieran un guante de cocina en la mano dominante, es decir, la que entra y sale a la bolsa de palomitas. De ese modo, cuando la mano no dominante entre en la bolsa podemos empezar a tomar conciencia de lo que estamos comiendo.
Se utilizó un grupo control y un grupo experimental. Se pesaron las palomitas y descubrieron que aquellos que tenían el guante comieron un 23% menos que los que tenían las manos libres.

Al comer con la mano no dominante es más probable romper con un hábito, pues un pequeño cambio en el habito genera un gran cambio en la toma de conciencia. Si los productos son etiquetados como bajos en grasa, comemos un 50% mas. Por eso es indispensable que revises la higiene de tus pensamientos.

_____

209. Santandreu, Rafael. "Los lentes de la felicidad, descubre tu fortaleza emocional, Editorial Grijalbo, España 2013 pags 320

210. Programa "Comelones" en Discovery Home and Health, 23 septiembre del 2013, 8:40 pm.

Ricardo de la Vega

12. Elabora tu Molécula Triacciónica MIND

Moises Reznik[211] dice que las acciones aisladas y no producen cambio, cuando una acción se hace de forma repetida y con una intención en mente se convierte en un hábito y son nuestros hábitos el camino para cambiar nuestro destino.

¿Cuáles son tus fortalezas mentales?

¿Elige una fortaleza mental que quieres llevar al siguiente nivel?

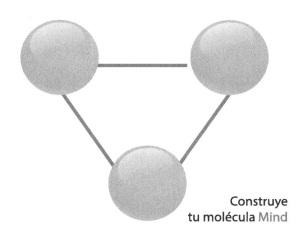

Construye
tu molécula Mind

Dibuja el personaje para involucrar a tu hemisferio derecho y agrega *¿Qué te ves haciendo diferente con dicha competencia mental desarrollada al máximo?*

*Por ejemplo, a mi Ricardo me ha funcionado para estar Enfocado como **FosuSER flow:***

> *Acción 1:* La Oración Contemplativa y Mindfulness.
>
> *Acción 2:* Hacer ejercicio físico en especial ir en bicicleta a ver amigos, clientes y familia.
>
> *Acción 3:* Establecer mis prioridades y elegir que valor quiero honrar en el aquí y el ahora (la salud, el amor, la naturaleza, Dios, la familia, la amistad, el trabajo, la creatividad, el aprender algo nuevo, *"estar estando"*).

---

211. Moises Reznik, médico quiropráctico y consultor de Negocias y franquicias. México, D.F. ITAM agosto 2014.

13. Si quieres respuestas hazte preguntas

21 ideas para abrir tus posibilidades

Esta sección te permite hacer más divertido el camino para encontrar respuestas integrales. Te has preguntado: ¿de dónde surgen las respuestas que das a las preguntas claves de tu vida? ¿Las contestan por ti tus amigos, la moda, la televisión o surgen de tu propia experiencia, de un libro que leiste, de un sueño, de tu inconciente? Lo cierto es que las respuestas están en alguna parte de ti, en tu inconciente corporal, en tu inconciente espiritual, en tu inconciente familiar, en lo más profundo del iceberg de tu mente.

Si la vida de tu mente es fragmentada y cada hemisferio cerebral funciona por su lado sin dialogar con el otro, las respuestas son incompletas. Una pregunta es hueca si no genera en ti un eco interior que hace vibrar todo tu ser, ¿a dónde te lleva una respuesta duda a la ligera?

Un estado emocional al momento de responder puede hacer la diferencia, ¿cuál es tu mejor estado emocional para encontrar tus propias respuestas?

Te proponemos elegir alguna de estas ideas para responder cualquier pregunta.

Idea 1 Neuroespirales

• Hazte la pregunta.

-Dibuja neuroespirales al tiempo que piensas la respuesta; empieza a dibujar la espiral de afuera hacia el centro.

- Ahora escribe tus respuestas.

Idea 2 Dibuja tu respuesta

• Hazte la pregunta. Por ejemplo: ¿Cómo quieres que sea tu vida en tres meses?

- Dibuja tu respuesta.

- Escribe tu respuesta

Idea 3 Un masajito

• Pide a una persona de tu confianza que te ayude.

- Elige la pregunta y dísela a la persona.

- La persona te da masaje en la espalda, cuello y cabeza.

- La persona que te da masaje en la espalda te hace la pregunta que tú elegiste.

- Responde de forma verbal mientras recibes el masaje.

- Escribe las respuestas que encontraste.

Ricardo de la Vega

Idea 4 Gimnasia Cerebral

- Hazte la pregunta.

-Realiza movimientos de Gimnasia
  Cerebral para integrar tus hemisferios
  y encontrar mejores respuestas.

- Escribe tu respuesta.

Idea 5 Tararea una canción

- Hazte la pregunta.

- Tararea una canción que te
  guste, con la boca cerrada.

- Responde a la pregunta.

Idea 6 La siesta

- Hazte la pregunta.

- Después de leer la pregunta,
  disfruta una siesta de 30 minutos.

- Escribe la respuesta.

Idea 7 Sudoku

- Hazte la pregunta.

- Haz un sudoku y piensa en
  posibles respuestas a la pregunta.

- Escribe tu respuesta.

Idea 8 El helado

- Hazte la pregunta.

- Compra un helado y saborealo.

- Escribe tu respuesta.

Idea 9 Juego de Mesa

- Hazte la pregunta.

- Elije un juego de mesa para
  divertirte en familia o con los
  amigos.

- Escribe tu respuesta.

Idea 9 Juego de Mesa

- Hazte la pregunta.

- Elije un juego de mesa para
  divertirte en familia o con los
  amigos.

- Escribe tu respuesta.

Idea 10 Baño

- Hazte la pregunta.

- Date un rico baño

- Escribe tu respuesta.

Idea 11 Meditar

- Hazte la pregunta.

- Medita 15 minutos o más

- Escribe la respuesta.

Idea 12 Trabajo doméstico

- Hazte la pregunta.

- Lava los platos de tu casa.

- Escribe la respuesta.

Idea 13 La respiración

- Hazte la pregunta.

- Respira tres veces profundamente.

- Escribe la respuesta.

Idea 14 Hazte preguntas

- Piensa en un problema de tu vida
o de tu trabajo.

- Desenreda alguna extensión eléctrica,
acomoda el librero, ordena tu casa u oficina.

- Elabora preguntas abiertas que no te
has hecho sobre dicho problema
(qué, quién, cuándo, cómo, dónde
cuál, para qué, etc.)

Idea 15 De jardinero

- Hazte la pregunta.

- Siembra, riega o cuida un árbol
o plantita.

- Anota tus respuestas

Idea 16 El abrazo

- Hazte la pregunta.

- Da 12 abrazos.

- Escribe tu respuesta.

Idea 17 Los niños

- Hazte la pregunta.

- Juega con niños.

- Escribe tu respuesta.

Idea 18 Caminar en silencio

- Hazte la pregunta.

- Camina 30 minutos en silencio.

- Escribe tu respuesta.

Idea 19 Altruismo

- Hazte la pregunta.

- Haz labor altruista

- Escribe tu respuesta

Idea 20 Leer

- Hazte la pregunta.

- Leé una hojas del libro que
te gusta.

- Escribe tu respuesta.

Idea 21 Adivina tú la pregunta

- ¿Cómo ve tu problema un niño,
un payaso, un superhéroe, un
barrendero, etc?

- Adivina: ¿Que pregunta te haría
dicha persona

- Escribe la pregunta.

Utiliza tu habilidad *"Analista Lupa"* y si encuentras en este libro algún error, envíanos tus observaciones a *ric@possibilitas.com.mx* recibirás una sorpresa.

El Código de las Criptopreguntas es:

A	B	C	D	E	F	G	H	I	J	K	L	M	N
1	2	3	4	5	6	7	8	9	10	11	12	13	14

O	P	Q	R	S	T	U	V	W	X	Y	Z
15	16	17	18	19	20	21	22	23	24	25	26

Ricardo de la Vega

14. Bibliografía

ADTA "American Journal of Dance Therapy". www.adta.org

Aguilar Morales, Omar Director de Human Dimension America. Ciudad de México, Octubre 2015.

Allen, David, Organízate con Eficacia: máxima productividad personal sin estrés. Editorial Empresa Activa, 2006. 368 pags.

Antaki, Ikram, "En El Banquete de Platón" Editorial Planeta, quinta reimpresión mayo de 1998, México, D.F.

Arce, Conchita. Diplomado en Logoterapia, Instituto Especializado en Logoterapia S.C. Enero 2015, México, D.F.

Bandler y Grinder basados en la suposición de Alfred Korzybski. Citado por José Merino y Marcela Infante en Diplomados de PNL en Reencuadre S.C. Ciudad de México 2003.

Bermejo, José Carlos. Apunte de la relación de ayuda, Editorial Sal Terrae, Cuadernos del Centro de Humanización de la Salud, Madrid, España 1998.

Borges, Jorge Luis, Poema "Instantes" atribuido a Borges, otros lo atribuyen a Don Herold o Nadine Stair.

Bustamante, José Antonio, El Valor de Innovar: Cómo los líderes transforman ideas del futuro en ventajas del presente. Ediciones B Chile S.A. marzo 2013, pags 207.

Bustamante, José Antonio, Taller sobre el Valor de la Innovación en el 20 Encuentro Internacional de Dinámicas de Grupo, León, Guanajuato, México. Noviembre 2013.

Bravo, Gabriela y Arellano, Christina de la empresa Talento al 100. Conversaciones 2013-2015. Ciudad de México.

Canción popular https://www.letras.com/wizard-songs/1681542/

Canfield, Jack; Hansen Mark Victor; Hewitt Les, "The Power of Focus". Enfócate en tus fortalezas no en tus debilidades. Editorial Vermilion. Abril 2011.

Caldera de Briceño, Reina; Briceño Caldera, Dayana, Teaching Strategies for Superlearning at the University. Universidad de los Andes. Artículo recibido: 11/08/2012 http://www.saber.ula.ve/bitstream/123456789/38250/3/articulo_8.pdf Citando a Georgi Lazanov.

Chavez, Martha Alicia, Tu hijo tu espejo, Un libro para padres valientes, Editorial Grijalbo Mondadori.

Chopra, Deepak, Grow Younger, Live Longer: Ten Steps to Reverse Aging. Editorial Harmony; Reprint edition, 2002.

Conferencia con Martha Alicia Chavez, Tu hijo tu espejo.
https://www.youtube.com/watch?v=h8hOstcuMnk

Cortés Garza Galindo, Juan Pablo, psicoterapeuta corporal, en mi proceso psicoterapeutico personal México, D.F. 2009.

Checa, Rafael OCD, en mi Dirección Espiritual, Ciudad de México, 2010.

Checa, Rafael OCD, citado por su discípula Carmen Reveles, 13 Febrero 2014, México. D.F.

Citas Bíblicas, de la Biblia de Nuestro Pueblo con Lectio Divina: Lea, reflexione, ore y actúe. Mensajero Editorial Jesuita. Bilbao España 2013.

Cohen Cohen, José, Maestría en Desarrollo Humano, Materia "Integración de Equipos de Trabajo" Universidad Iberoamericana, Santa Fe, México D.F. 2008

CONOCER organismo de la SEP para el Establecimiento de diferentes Estandares de Competencia.

Cottin, Adrian. Certificación como Facilitador de Aprendizaje Acelerado. Guadalajara, México, 2012.

Clerget, Stephane "Sobrepeso emocional" Ediciones Urano pags 288   2011

De Bono, Edward. El pensamiento lateral: manual de creatividad. Editorial Paidos, Barcelona España, 3 marzo 1991. 320 páginas.

Del Campo Junior, Raúl, entrenamientos como productor y locutor de Radio, XEW, México, D.F 1984-1985.

De la Cruz, Sor Juana Ines., Poema "Hombres Necios", libro de Lourdes Franco, Literatura Hispano Americana, Limusa Noriega Editores, México, D.F. 2004

De la Vega Domínguez, Ricardo José, "Publicidad Subliminal en México: 65 controversias, México, D.F. Inspector Ad-Mexico 2002 páginas 364.

De la Vega Domínguez, Ricardo José,"Los Lagartolibros en el País de los Lagos". Libro digital: disponible en itunes: https://itunes.apple.com/mx/book/los-lagartolibros-en-pais/id671139178?mt=11

Díaz, Ángeles, nutrióloga. Puedes encontrar muchos de sus consejos en Facebook: https://www.facebook.com/Nutriologa.Angeles.Diaz/?fref=ts

Dilts, Robert Coaching Herramientas para el Cambio, Editorial Urano. 320 páginas.

Dizpenza, Joe, El placebo eres tú: descubre el poder de tu mente. Editorial Urano, primera edición Septiembre 2014, Barcelona España.

Ricardo de la Vega

Echeverría, Rafael, Ontología del Lenguaje. Capitulo 7 "El Poder De Las Conversaciones". Ediciones Granica 2006, 433 pags.

Edelen, Patricia, Psicoterapeuta, septiembre de 2014. México, D.F.

Edwards, Jenny; Gonzalez, Luis Jorge OCD, Certificación en Coaching Cognitivo Grupal, México 2008.

Eckhart Tolle, El Poder del Ahora: una guía para la iluminación espiritual. Editorial GAIA, Madrid España, 2009 pags. 220

Encuentro Internacional de Dinamicas de Grupo. Noviembre de 2013. Organizado por Ana María Zepeda.

Erickson, Betty Alice, Erickson-Klein, Roxanna, García Sánchez, Teresa, Short, Dan; "La Hipnosis de Milton Erickson: La Técnica, aplicaciones y comentarios sobre casos inéditos en español." Editorial Rigden Institut Gestalt., España, 2015. Páginas 384

Erreguerena, Juan Carlos, Directivo de CONOCER, quien ha sido pionero en impulsar las competencias laborales en México y quien cursó en 2013 el Diplomado BSM México, D.F.

Feldman González, Rubén Dr, (candidato al Premio Nobel de la Paz) y el Físico David Bohm † (candidato al Premio Nobel de Física y colaborador de Albert Einstein), mantuvieron diálogos frecuentes y profundos sobre la psicología y el conflicto humano.

Fred H. Gage y Henriette Van Praag, Neurogénesis en el cerebro Adulto. Edited by Kenneth L. Davis, Dennis Charney, Joseph T. Coyle, and Charles Nemeroff. American College of Neuropsychopharmacology 2002.

Freud, Sigmund. La Interpretación de los Sueños I. Publicado por primera vez en 1900. Editorial Iztaccíhuatl, 2013 México, D.F., p. 23.

García Fernández, Carmen, Psicoterapeuta Sistémica, Ciudad de México, Diciembre de 2015.

García, Enrique, en Certificación de Manejo de Grupos desde diez enfoques con Cuca Valero, México, D.F., 14 de junio 2014.

Gardner, Howard. Inteligencias Múltiples: La teoría en la práctica. Paidós Ibérica, 2011.

Giménez. Salvador (médico) 23 de Junio 2014.
http://www.medicina21.com/doc.php?apartat=dossier&id=1432

Gonzalez, Luis Jorge, Edwards Jenny, en entrenamiento para ser Terapeuta del Campo mental, Febrero 2010, Ciudad de México.

González, Luis Jorge, Oración Contemplativa, Ediciones Duruelo México,

Gonzalez, Luis Jorge, OCD, CESP, Guadalajara Jalisco, Encuentro para celebrar los 25 años de Talleres en México. Del 14 al 16 de agosto de 2015.

Gonzalez, Luis Jorge OCD, Deseos Infinitos: Poder Secreto de tu Esperanza. 178 páginas. www.luisjorgegonzalez.org.mx

Goleman, Daniel El Cerebro y la Inteligencia Emocional: Nuevos descubrimientos. Ediciones B, 25 Octubre, 2012, pags 112.

Goleman, Daniel. Paul Kaufman, Michael Ray, "Espiritu Creativo" Editorial Zeta Bolsillo, 2009. 223 pags.

Gudiño, Virginia, Neurociencia Aplicada a la Educación del Siglo XXI.
En la revista digital NEUROFELICIDAD –Creciendo como Seres Humanos y Aprendiendo a Ser Felices–. www.neurocapitalhumano.com.ar

Granja, Dulce María, "Kant: Conciencia Reflexiva y proceso Humanizador". Conferencia 26 de abril del 2004 en en ITAM.

Hall, Michael; Salom, Omar y Merino, José, Certificación como Meta Coach en Reencuadre S.C. México, D.F. 2009.

Hernández, Alvaro; Presidente de la Asociación Mexicana de Terapia del Campo Mental. Taller Boot-Camp de actualización sobre medicina cuántica. 23 al 27 de abril del 2016

Hernández, Cecilia, conversación con la Coach. Octubre de 2014 , México, D.F.

Heres Pulido, María Luisa, Diplomado como Psicoterapeuta Multidimencional, 2005 México D.F.

Hoyo, Adriana,Psicoterapeuta y maestra de meditación, febrero 2015, Ciudad de México.

Husserl, Edmund es el padre de la fenomenología cotemporánea. Es él quién rescata la palabra epoché y la aplica como parte esencial de su método de reducción fenomenológica. IHPG.

Infante, Marcela, psicoterapeuta, Directora del área de la Salud y socia en Reencuadre S.C.

Infante, Marcela, Diplomados de Programación Neurolingüistica y Pepe Merino, Certificación de Herramientas de la PNL para Coaching. México D.F. 2003- 2008.

Kandel, Eric. R. "En busca de la memoria. El nacimiento de una nueva ciencia de la mente". Buenos Aires. Katz Editores, 2007.

Ricardo de la Vega

Ken Blanchard, Spencer Johnson,. El Líder ejecutivo al minuto: cómo aumentar la eficacia por medio del Liderazgo Situacional. Edición DEBOLSILLO, 192 páginas, 2010

Kelly Raquel Mónica Satz. Curso de Danzaterapia, Ciudad de México. 2011.

Larrañaga, Ignacio. "El sentido de la Vida", Editorial Alba, México D.F. 2004.

Larrañaga, Ignacio. "El arte de ser Feliz." Editorial Alba, México D.F, sexta edición, 2007.

Lopez Araiza, Martha, Asociación de Terapia Biomnémica A.C. modelo terapeutico creado por Cenobio Martínez Ruiz para sanar nuestras memorias celulares y llegar a ser más libres.
Sesiones de psicoterapia 2015-2016. Ciudad de México.

Lopez Araiza, Martha, conferencia sobre Biomnémica, en la Asociación Mexicana de Biomnémica Ac. México, D.F a 12 de marzo del 2015.

Manual TEST DE RORSCHACH Pruebas Proyectivas SICC 644. Profesores: Ps. Raquel Badilla Rodríguez, Ps. Cristián Jorquera Donaire. Basado en el test de Hermann Rorschach. Puedes descargar el PDF en: http://blog.bettyboop.cat/wp-content/uploads/2013/11/Manual-Test-de-Rorschach.pdf

Martinez Ruiz, Cenobio, Biomnémica: el arte de liberarse de la ansiedad. México DF. Agosto 1998.
McMahon, Dr. Edwin M. y Campbell, Dr. Peter A. "Redescubriendo la conexión-corporal perdida en la espiritualidad cristiana". Publicado por Cree, A.C. México, D.F. 2012.

Medina, John. "Los 12 principios del cerebro." Editorial Norma. Colombia Julio 2010.

Meditación Vipassana https://youtu.be/zjon5I-xk9w

Mejías, Cristina. "Cambio y vida laboral: guía para navegarlos", Editorial Granica, 2009. Buenos Aires.

Mendez Cárdenas,Luis; Muñoz Fernández, Sergio. Médicos invitados en Qué Tal Fernanda, "Trastornos Mentales" programa de Radio FM, 28 de marzo 2016,11 am.

Merino, José Psicoterapeuta, Capacitador y Coach, Director de Reencuadre, S.C. Ciudad de México. 2007.

MOLES, Abraham, et. al., La Comunicación y los Mass-media. Editorial Mensajero. Primera Edición Bilbao, España. p. 634.

Mouret-Polo, Eduardo Consultor con experiencia de 40 años en los campos de Psicología del Trabajo y de las Organizaciones Laborales, en Recursos Humanos y en Desarrollo Humano y Organizacional.

Pearsall, Paul, El Código del corazón, Editorial EDAF, Madrid 1998, paginas 350.

Perfume de Mujer, "Scent of a Woman" (1992) con Al Pacino, Chris O´Donnel, James Rebhorn, Martin Brest.

Perlado, Miguel, "Los Daños del Coaching Coercitivo", 2 de abril del 2013 basado en La Razón (México), Daniela García 2/04/2013 Visitar http://www.hemerosectas.org/lgats-2/

Pla Montero, Silvio. Conferencia "Neurociencia y Desarrollo del Talento, enero 2015, México D.F.

Prieto Sierra, Carlos. Rector de la EBC (Escuela Bancaria y Comercial). www.museoebc.org/eventos/ carlos-prieto-sierra-nuevo-rector-de-la-escuela-bancaria-y-comercial

Programa "Comelones" en Discovery Home and Health, 21:00 hrs, 31 marzo 2014. Canal 374 de Total Play. México.

Resnik Fusso, Moises Curso de Romper Tablas, Noviembre de 2015, México, D.F.

Resnik Fusso, Moises, "Taller de Liderazgo," ITAM, México D.F. Agosto 2014.

Resnik, Federico (24/04/2003). «Argentina Works, crónica de un negocio sectario». Consultado el 11 de septiembre de 2015. En México es Mexworks.

Robbins, Anthony,Poder sin límites: La nueva ciencia del desarrollo personal. Ediciones de Bolsillo, 30 de abril de 2007.

Rodríguez Cigaran, Sarah (Dra. en Psicología por la Universidad de Deusto. Licenciada en Psicopeda-godía). DANZA MOVIMIENTO TERAPIA: CUERPO, PSIQUE Y TERAPIA. Avances en Salud Mental Relacio-nal / Advances in relational mental health. Vol. 8, núm. 2 –Julio 2009. Órgano Oficial de expresión de la Fundación OMIE. Revista Internacional On-Line / An International On-Line Journal.

Rodriguez Estrada, Mauro, fue el fundador y primer presidente de la Asociación Mexicana de Creatividad (AMECREA).

Rosemberg, Marshall. "Comunicación No violenta: un lenguaje de vida." Gran Aldea Editores, 2006. Páginas 200.

Rowshan, Arthur "Piensa con el corazón: Historias inspiradoras para encontrar la paz interior." Editorial EDAF, S.L.U., marzo 2014 Madrid España.

Ruiz, Miguel, Los Cuatro Acuerdos, Editorial Urano 1998, pag. 160

San Juan de la Cruz "La Subida al Monte Carmelo", Editorial Monte Carmelo quien pone el libro a dis-posición de los visitantes de su página web: www.montecarmelo.com y les da autorización exclusiva para su uso personal.

Ricardo de la Vega

Santandreu, Rafael "Los lentes de la felicidad: descubre tu fortaleza emocional." Editorial Grijalbo. México, Noviembre de 2014.

Salom, Omar; Merino José; Certificación como Coach Ejecutivo en Reencuadre S.C. México, D.F. 2007.

Taylor, Eldon "Subliminal Learning: an eclectic approach", Printed United States of America Ed. Just Another Reality Publishing, Inc. October 1988.

Tejera Mathieu, José A. (Neurólogo) Conferencia: Psico neuro fisiología del Coaching. Efecto del Coaching en Mente-Cerebro-Cuerpo. 20° Encuentro Internacional de Dinámicas de Grupo, 1 de Diciembre de 2013, León, Guanajuato.

Teresa Robles, Teresa es Maestra en Antropología Social, Doctora en Psicología Clínica y Terapeuta Familiar. Es miembro de la Asociación Mexicana de Terapia Familiar, A.C. de la Sociedad Internacional de Hipnosis desde 1992, es Presidente del Consejo del Centro Ericksoniano de México, A.C. http://www.hipnosis.com.mx/tererobles.html

Test Lumina Park, aplicado en la EBC para conocer el perfil de cada alumno.

The Mental Heatlh Center
http://www.mhpcolorado.org/MHP/media/Documents/Resources%20PDF/Spanish/Spanish-OCD-Tips.pdf

Thich Nhat Hanh, maestro zen, activista por la paz, nominado para el Premio Nobel por ese motivo.

Thomassiny, Salvador, experto con más de 30 años en estudiar la Biblia y el misterio de La Finalidad de la Creación y de la Voluntad de Dios. Conferencia 9 de Agosto de 2012. México, D.F.

Tolle, Ectkart. "El Poder del Ahora" Gaia Ediciones, 2008.

Tolle, Eckhart. Practicando El Poder del Ahora: Enseñanzas, meditaciones y ejercicios esenciales extraídos de El Poder del Ahora. Gaia Ediciones, 2009 - 156 páginas

Torres, Francisco, Conciencia Canina, entrenamiento canino, febrero a Abril del 2015, Ciudad de México.

Treviño Becerra, Carlos, médico psiquiatra, Cursos de Hipnosis y Autohipnosis. México, D.F. 1985-1990.

Ratzinger, J. La meditación Cristiana. "Orationis Formae", Ciudad del Vaticano, libreria Editrice VAticana, 1989. Citado por El Dr Luis Jorge González.

Regueira, Miguel, en Ciencia el 28/07/2013 El aburrimiento extremo, otro reto al que se enfrenta la NASA en un futuro viaje a Marte. http://www.aztecanoticias.com.mx/notas/tecnologia/161406/morir-de-aburrimiento-riesgo-de-astronautas-en-marte

Reznik Fusso, Moises, Taller en el ITAM Julio 2014 México. D.F.

Ruiz, Miguel; Mills Janet "La Voz del Conocimiento" Ediciones Urano. Libro digital 28 julio 2010 pag 224.

SÁNCHEZ Guzmán, Ramón. "Para Exorcizar a..." Revista Cuadernos de Comunicación. No. 89 y 90. Enero y febrero de 1983. p. 13-27.

Santandreu, Rafael, "Los lentes de la felicidad: descubre tu fortaleza emocional" Editorial Grijalbo, México noviembre de 2014.

San Román Vázquez, Angel., "Publicidad Subliminal", Entrevista realizada por Ricardo de la Vega el 14 de julio de 1994. México, D. F.

Salom, Omar, Certificación Herramientas de la PNL aplicadas al Coaching, con José Merino Pérez. Ciudad de México 2005-2006.

Scheele, Paul R., "PhotoReading" Sistema de lectura con toda la mente", Ediciones Urano, Impreso en España, 1996. p. 32-33.

Stringel Rodríguez, Martin: Especialista en Desarrollo humano a través de arte y Aprendizaje Acelerado. Encuentro Internacional de Dinámicas de Grupo Aguascalientes, México, Octubre-Noviembre 2010. Evento Organizado por Grupo Deo.

Taylor, Eldon.,"Comunicación Subliminal ¿Panacea o traje del emperador?" Primera edición en Español, México, D. F. 2001. Instituto Diálogo Interior, S. A. de C. V.

Taylor, Eldon "Subliminal Learning: an eclectic approach", Printed United States of America Ed. Just Another Reality Publishing, Inc. October 1988.

Thomassiny Salvador, con más de 30 años en estudiar la Biblia y el misterio de La Finalidad de la Creación y de la Voluntad de Dios. Conferencia 9 de Agosto de 2012. Ciudad de México.

Tony Buzan, Barry Buzan, El libro de los mapas mentales: cómo utilizar al máximo las capacidades de la mente. Spanish Pubs Llc, 1996 - 350 páginas

Treviño Becerra, Carlos, médico psiquiatra, conversaciones en SOMEPAR en la Colonia Del Valle, Ciudad de México, 2000.

Valderrama, Beatriz "Creatividad Inteligente: guía para convertir ideas en innovación". Editorial Pearson Educación S.A. Madrid España 2013.

Valle, Amira, El regalo del Elefante, para niños (de 3 a 90 años) Editorial Elephant Wise, México 2013.

Valles, Carlos G. SJ. "Saber Escoger: El arte del discernimiento." Editorial Sal Terrae, Impreso en España, 1986, página 11.

Vargas Hurtado de Mendoza, Rodrigo, comentario en diciembre 2012, México, D.F.

Viqueira, Carmen., "Percepción y Cultura: un enfoque ecológico", Ediciones de La Casa Chata., Primera Edición, México, 1977.

"What Women Want" traducida como "Lo que ellas quieren", dirigida por Nancy Meyers y protagonizada por Mel Gibson y Helen Hunt, Comedia Romántica, Estados Unidos año 2000.

El Waikido se enseña en la Asociación Japonesa A.C., en la Ciudad de México. en la Colonia las Aguilas.

Warman, Susie, comentario el 11 de septiembre del 2015, Ciudad de México. Es Socia Fundadora y Directora General de Blue Wing Coaching®.

Wilhelm Reich, La biopatía del cáncer, Ediciones Nueva Visión, segundo tomo del descubrimiento del orgón, Buenos Aires Argentina, 31 de marzo de 1985.

Zepeda, Ana María, Conversación con Ricardo De la Vega Noviembre de 2014. Ciudad de México.

Programa "Comelones" en Discovery Home and Health, 23 septiembre del 2013, 8:40 pm

www.biomnemica.com con Martha Lopez Araiza psicoterapeuta en mi propio proceso psicoterapeutico. Ciudad de México abril 2015 a enero 2016.

www.elmundo.es/ciencia/2015/01/21/54be7353ca4741f5798b4585.html

www.possibilitas.com.mx

www.sabidurias.com

http://youtu.be/C6PKjLEhp58

http://www.espaciologopedico.com/tienda/prod/13147/sudoku-de-frutas.html

www.trastornoobsesivocompulsivo.org

Maestro en Publicidad y Lic. en Ciencias de la Comunicación. Cuenta con diversas certificaciones nacionales e internacionales como *Facilitador de Aprendizaje Acelerado*, como *Coach Ejecutivo*, *Team Coach* y *Meta-Coach*, *Coach Cognitivo Avanzado*, *Logoterapia*, *Desarrollo Humano*, *Biofeedback* y *Manejo Grupal*.

Es Catedrático en varias Universidades, Facilitador y Conferencista en temas de Comunicación, Inteligencia Emocional, Integración de Equipos, Actitud Positiva, Ventas, Manejo del Estrés, Proyecto de Vida, Balance de Vida, Salud Integral, Desarrollo Humano y otros.

Es Director Gral. del Instituto Possibilitas y Coordinador del Comité Técnico del CONOCER (SEP), para la creación del Estándar de Competencias para la nueva figura de servicio integral "Possibilitador".

Ha publicado varios libros (*BioSensusMind* **Possibilitas** ^{MR}, un sistema integral para possibilitar tu vida, *"Los Lagartolibros en el País de los Lagos"* y *"Publicidad Subliminal: las 65 controversias"*, y participa en programas de radio y T.V.

Saludos
Ricardo de la Vega.

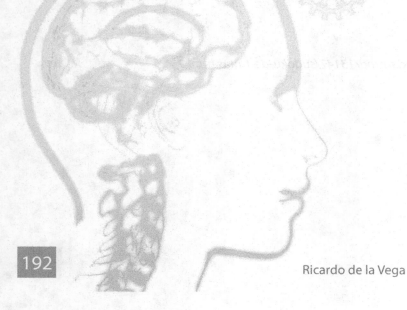

Ricardo de la Vega

Printed in the United States
By Bookmasters